초역 다빈치 노트

KB191897

초역 다빈치 노트

사쿠라가와 다빈치 지음 | 김윤경 옮김

한국경제신문

┃ 일러두기

1. 본문 내 인용 구절은 원문의 뜻을 보다 알기 쉽게 문장구성 변형과 원문 생략 등을 통해서 일부 수정, 각색한 초역(超訳)임을 밝혀둔다.
2. '레오나르도 다빈치'라는 이름은 '빈치 마을의 레오나르도'라는 의미로, '다빈치'는 성씨가 보편화되지 않은 당시에 동명이인의 사람과 구별하기 위한 기호로써 사용된 표현임으로, 본문 내 이름은 '레오나르도'로 통일해 표기한다.

천재의 노트에서 발견한
인간 잠재력의 비밀

만약 나를 좋아한다면 내 노트를 읽어 보시오. 나 같은 사람은 좀처럼 없을 테니.

〈코덱스 마드리드Codex Madrid〉

이 책을 펼쳐든 여러분은 예술가로든 과학자로든, 아니면 다른 이유에서라도 분명 레오나르도 다빈치Leonardo da Vinci에게 관심이 많을 것이다. 그런 여러분에게 레오나르도가 직접 쓴 노트를 읽으라고 권하고 싶다. 그가 세상에 남긴 노트는 그 양이 어마어마하며, 친필 노트에는 최상급 가치가 매겨져 있고 일반에게 공개되지 않은 노트도 많다. 완벽에 가깝게 재현한 복사본을 모두 구입한다면 19만 달러에 가까울 것이다. 복사본이 이렇게 비싸다는 사실도 놀랍지만 원본 노트는 최소한의 가격을 가늠해봐도 28억 달러를 넘는 가치가 있다. 이러한 〈다빈치 노트〉에 쓰여 있는 내용 중 진수만을 선별해 이 책으로 엮었다. 레오나르도 다빈치라고 하면 '만능 천재'라는 이미지가 강해 우리와는 전혀 다른 초인적인 존재로 평가하는 사람이 많을 것이다. 하지만 그도 실패와 좌절을 겪고 다른 사람의 도움을 받으며 일생을 보낸, 우리와 똑같은 인간이었다. 그가 역사에 이름을 남기고 500년이 지난 오늘날까지도 주목받는 존재가 될 수 있었던 근간에는 그가 발휘한 '7가지의 힘'이 있다. 레오나르도 다빈치를 연구하는 데 시간과 노력을 쏟아붓고 있는 필자는 그 힘을 통틀어 '다빈치식 생각 도구'라고 부른다. 그 7가지 힘을 슬기롭게 활용하면 우리도 자신의 능력을 최대한 끌어내 원하는 삶을 살아갈 수 있을 것이다.

필자는 레오나르도가 생전에 정리를 다하지 못했을 정도로 방대한 분량의 노트를 모조리 연구했다. 그리고 직장인은 물론 자신의 목표를 향해 나아가는 모든 사람에게 도움이 되고자 주옥같은 지혜와 비장의 업무 기술을 골라내어 이 책에 담았다. 지금까지 알려지지 않았던 레오나르도의 진면목을 보여주는 동시에 그가 우리에게 남긴 말과 습관, 생각 도구를 알기 쉽게 풀어 우리의 인생이 극적으로 달라질 수 있도록 했다. 그뿐만이 아니라 레오나르도처럼 생각하고 행동한 최고 성공자들의 경험담도 함께 실어서 현대사회를 살아가는 여러분이 그들의 지혜를 되새겨 각자 자신의 환경에서 원하는 성과를 올리는 데 보탬이 되고자 했다.

지식과 교양을 다 갖춘 이 책을 읽으면 지적 호기심이 크게 자극을 받아 또 다른 누군가에게 꼭 전하고 싶어질 것이다. 이제《초역 다빈치 노트》의 세계를 마음껏 즐겨보자.

Chapter 2 **몰입하는 힘**
모든 것은 만물에 대한 호기심에서 시작된다

Chapter 3 통찰하는 힘
본질을 꿰뚫어보면 성공의 기회가 보인다

Chapter 4 창조하는 힘
상식의 틀에서 벗어나 사고하라

Chapter 5 인간관계의 힘
고독과 인간관계를 삶의 무기로 만드는 방법

Chapter 6 실천하는 힘
천재가 실천한 최강의 인풋과 아웃풋 기술

Chapter 7 행복을 불러오는 힘
후회 없는 삶이 진정한 행복을 만든다

The Da Vinci Note

다빈치식 7가지 생각 도구

평범한 인간을 시대의 천재로 성장시킨
원동력은 무엇인가

빌 게이츠도 탐독한
〈다빈치 노트〉에 담긴 천재의 지혜

마이크로소프트의 창업자 빌 게이츠는 1994년 경매에서 레오나르도 다빈치의 친필 노트 가운데 하나인 〈코덱스 레스터 Codex Leicester〉를 낙찰 받았다. 가격은 무려 3,080만 달러! 세상에서 가장 비싼 책이었다. 그 후 매년 한 번, 세계를 돌며 전시되고 있으며 일본에서도 2005년에 처음 공개돼 큰 반향을 불러일으켰다. 또한 빌 게이츠는 월터 아이작슨이 쓴 전기《레오나르도 다빈치》를 읽고 이렇게 소감을 밝혔다.

"레오나르도 다빈치는 당시 지구상에 알려져 있던 거의 모든 것을 이해하기 직전의 경지까지 이르렀다."

컴퓨터 운영체제 윈도우를 세상에 내놓아 세계 자산가 순위 2위 자리를 차지하며 부와 명예를 거머쥔 빌 게이츠는 항상 레오나르도를 깊이 알고자 했다.

세계에서 가장 비싼 책과 그림은 모두
레오나르도 다빈치의 작품

한편, 2017년 11월 뉴욕 크리스티 경매에서는 레오나르도의 진품으로 판명된 〈살바토르 문디Salvador Mundi〉가 사상 최고가인 4억 5,030만 달러에 낙찰돼 화제가 되기도 했다. 남성판 〈모나리자〉로 불리는 이 작품은 그때까지 최고 경매가 1억 7,940만 달러를 자랑하던 피카소의 〈알제의 여인들Les Femmes d' Alger〉의 가치를 두 배 이상 훌쩍 뛰어넘었다. 이로써 현재 세계에서 가장 비싼 책과 그림은 모두 레오나르도의 작품이다.

또한 댄 브라운의 소설 《다빈치 코드》가 크게 인기를 끌자 세계적으로 레오나르도 다빈치 붐이 일어났다. 이 책은 영화로 제작됐을 뿐 아니라 전 세계 44개 언어로 번역, 출간돼 8,000만 부의 판매 기록을 올린 베스트셀러가 됐다(아쉽게도 픽션이므로 작품 속에서는 실제 레오나르도의 모습이 충분히 그려지지 않았다).

자신이 좋아하는 일만 추구한 '만능 천재'

자신이 좋아하는 분야에 관심을 갖고 다양한 학문을 탐구하며 하루하루를 보낸 레오나르도의 실제 모습에 좀더 가까이 다가가 보자.

"그는 다른 사람들이 모두 잠들어 있는 한밤중에 일찍 눈을 뜨는 남자였다."

러시아 작가 드미트리 메레시콥스키Dmitry Merezhkovsky가 레오나르도를 표현한 말이다. 메레시콥스키가 쓴 저서《레오나르도 다빈치_신들의 부활Leonardo Da Vinci: Gods Resurgent》은 정신의학자로 유명한 프로이트가 선정한 양서 10권 중 하나로 꼽힌다.

레오나르도는 모두가 잠들어 있는 시간에 홀로 깨어 무엇을 했던 것일까. 회화, 조각, 음악 등 예술 활동에 몰두했으며 물리학, 천문학, 식물학, 지질학, 해부학 등의 학문을 탐구했다. 또한 자동차와 배, 비행기 등의 운송수단과 일용품 발명, 군사 전략과 도시개발 등 그가 활약한 분야는 그 넓이와 깊이를 가늠할 수 없다. '만능 천재'로 불릴 수밖에 없는 이유다. 이렇게 폭넓은 활약이 어떻게 가능했을까. 그는 세상의 상식과 관습에 휩쓸리지 않고 자신이 좋아하는 일만을 진지하게 추구했다. 하루하루가 설렘으로 가득 찼으며 아무리 힘든 난관에 부딪쳐도 자신을 믿고 이겨냈다는 사실은 노트에 기록된 글을 통해 알 수 있다.

또한 그의 발자취를 살펴볼 때 흥미로운 점은 지금보다 500년 전에 이미 로봇을 발명했다는 사실이다. 오늘날 AI 시대를 살아가는 우리는 로봇과 조화롭게 공존하면서 한편으로는 인간만이 할 수 있는 능력을 발휘해야 한다. 레오나르도의 사후 500년(정확하게는 2019년이 딱 500주년이다-옮긴이)이 지난 오늘날, 이제야 우리는 그의 발명과 깨달음의 단계에 온 건지도 모른다.

대중이 가장 좋아하는 천재 예술가

시대와 국경을 초월해 대중을 매료시켜 온 레오나르도를 과연 세상은 어떻게 평가하고 있을까. 소프트뱅크의 창업자 손정의 회장은 스티브 잡스를 가리켜 '현대의 레오나르도 다빈치'라고 칭하고 다음과 같이 두 인물을 비교했다.

"레오나르도 다빈치는 테크놀로지와 예술을 융합시켰다. 당시 최고의 기술이었던 의학, 물리, 화학을 다루는 두뇌를 갖고 있었으며 〈모나리자〉와 같은 예술 작품까지 탄생시켰다. 예술과 테크놀로지를 융합시킨 최고의 인물이 레오나르도라고 한다면 두 번째는 스티브 잡스일 것이다. 단순한 전기·전자 제품은 세상에 많이 있지만 '예술'이라고 부를 만한 최초의 제품은 아이폰이다."

이렇듯 경영의 최전선에서 활약하는 CEO도 레오나르도에 주목하고 있다. 그뿐만이 아니다. TV 프로그램 〈세상에서 가장 받고 싶은 수업〉 특집으로 방영된 '대중이 좋아하는 천재 베스트 100'에서 레오나르도는 아인슈타인, 갈릴레오에 이어 3위에 올랐다. 더불어 예술가로서는 주목도 1위의 천재로 꼽혔다.

그의 존재감은 사후 500년이 지난 지금까지도 전혀 퇴색하지 않아, 최첨단 의료 장비로서 도입된 수술지원 로봇은 '다빈치 로봇수술 시스템da Vinci surgical system(1999년 미국에서 개발됨-옮긴이)'으로 명명됐다. 최첨단 로봇 장비에 레오나르도의 이름을 붙인 것은 세계 최초로 심장이 4개의 방으로 나누어져 있다는 사실을 알아내고(그때까지 서양의학에서는 심장이 두 개로 나뉘어 있다고 믿고 있었다) 동맥경화, 모세혈관, 관동맥 폐

색을 의학 사상 처음으로 기록한 그에 대한 경의의 표현이다.

그밖에도 레오나르도의 이름을 딴 경우는 무척 많다. 일본을 대표하는 항공회사 '전일본공수ANA'의 비행기에 사용되던 로고는 그가 그린 헬리콥터의 도안을 모티브로 삼았다. 또한 종합문예지로 유명한 〈다빈치〉라는 잡지에도 다음과 같은 메시지가 함축돼 있다.

"넘치는 호기심을 에너지로 삼아 자신의 세계를 널리 펼친 레오나르도 다빈치처럼 많은 사람이 책을 통해 자신의 흥미와 관심의 세계를 넓혀가길 바란다. 〈다빈치〉는 그런 염원을 담아 지은 잡지명이다."

이들 사례에서 알 수 있듯이 '레오나르도 다빈치'는 새로운 일을 펼쳐 나가는 개척자의 대명사이며 국가와 시대를 초월해 이루 헤아릴 수 없는 거대한 영향을 미치고 있다.

왜 오늘날까지 레오나르도 다빈치에 주목하는가

AI시대에는 한 가지 전문 분야에 정통한 스페셜리스트specialist가 도태되기 쉽다고들 한다. 레오나르도와 같이 다양한 재능을 갖추고 여러 가지 분야에서 성과를 창출할 수 있는 인간이 요구되기 때문이다.

"한 가지를 추구하는 것만도 어려운데 어떻게 여러 가지를 동시에 할 수 있어?"

"재능이 있는 사람은 가능하겠지만 나는 그런 재능이 없으니 절대 못 해."

처음부터 체념하는 목소리가 여기저기서 들려오는 듯하다. 하지만 머리말에서도 언급했듯이 레오나르도는 결코 타고난 천재도, 초인도 아니었다. 오직 노력과 전략으로 결실을 일군 '인간'일 뿐이다. 이 책에서는 그가 살아가는 모습과 사고관, 그리고 행동습관을 철저히 분석해서 '다빈치식 생각 도구를 만든 7가지 힘'(①자신을 존중하는 힘 ②몰입하는 힘 ③통찰하는 힘 ④창조하는 힘 ⑤인간관계의 힘 ⑥ 실천하는 힘 ⑦행복을 불러오는 힘)으로 체계화했다.

실패와 좌절을 경험한 레오나르도는 수많은 위업을 이루어 가는 과정에서 어떠한 기술을 익히고 사용했을까. 그것은 꿈을 이루고 목표에 다가갈 수 있는 지구 역사상 최강의 방법이라고 할 수 있다. 다빈치식 생각 도구를 배워 실천함으로써 자신의 잠재된 능력을 끌어내 시대가 원하는 '특별한 인재'로

성장하여 꿈을 현실화할 수 있을 것이다. 반드시 그의 조언에
귀 기울여 한 가지라도 실천해보자.

나폴레옹도 탐낸 노트

〈다빈치 노트〉의 친필 원고는 어떤 것이며 어떠한 종류가 있을까. 이 책을 더욱 깊이 음미할 수 있도록 간단히 설명해보겠다.

레오나르도의 생애 최고의 걸작으로 꼽히는 〈다빈치 노트〉는 대부분, 현재 유서 깊은 도서관과 미술관에 소장돼 있다. 하지만 과거에는 전쟁에서 빼앗기기도 했는데, 프랑스 황제 나폴레옹이 약탈해 파리로 가져간 노트는 오늘날 〈파리 매뉴스크립트Paris Manuscripts〉라고 불린다. 마찬가지로 나폴레옹에게 강탈당했던 최대 분량의 노트 〈코덱스 아틀란티쿠스Codex Atlanticus〉는 나폴레옹이 실각한 후 이탈리아의 밀라노로 반환됐다. 이 노트는 레오나르도의 생전과 사후를 통틀어 유럽 안을 약 8,000km나 돌아다닌 것으로 알려져 있다. 전쟁 영웅마저도 탐낸 노트, 그것이 바로 〈다빈치 노트〉다.

레오나르도는 23세 무렵부터 노트에 기록하는 습관을 들인 후 죽을 때까지 40년 넘게 직접 기록으로 남겼다. 특히 30세가 넘었을 때 다양한 크기의 노트를 용도별로 구분해 사용하고 휴대용 노트를 갖고 다니며 이동 중에도 끊임없이 메모를 적었다고 한다.

〈다빈치 노트〉는 제자인 프란체스코 멜치Francesco Melzi가 편찬한 〈코덱스 우르비나스Codex Urbinas〉(회화론이라고 불림)를 포함해 약 8,000장에 달하는 노트가 현존한다. 〈코덱스 우르비나스〉는 현존하지 않는 10권의 노트에 대해서도 인용하고 있는데, 멜치는 스승의 말을 거의 충실하게 베껴 적어서 후대에 남겼다. 그러므로 〈코덱스 우르비나스〉는 레오나르도의 친필 노트와 거의 똑같은 가치를 갖고 있다. 잃어버린 노트까지 합하면 전부 2만 장 이상 있었을 것으로 추측되고 있다. 그리고 아직 세상의 어딘가에서 발견되지 않고 잠들어 있을 가능성도 있다.

1964년 마드리드에 있는 스페인 국립도서관에서 새로운 노트가 발견됐다. 이 노트에 기록된 천재의 뛰어난 지혜가 수백 년 동안 어둠 속에 묻혀 있었던 것이다.

각 노트의 특징을 정리해보면 다음과 같다.

〈코덱스 아틀란티쿠스Codex Atlanticus〉

지도책(아틀라스)과 같은 크기의 대형 노트다. 미술 수집가인 폼페오 레오니Pompeo Leoni가 집대성해서 편찬한 노트로 악기, 병기, 축성築城, 기계, 기하학, 격언 등 다양한 분야를 아우르는 방대한 내용을 담고 있다.

〈코덱스 트리불지아누스Codex Trivulzianus〉

이 노트를 입수한 트리불지아누스 공의 이름을 따서 코덱스 트리불지아누스라고 부른다. 주로 라틴어를 익히는 데 사용한 노트로 사랑과 인생에 관한 격언이 남아 있다.

〈새의 비행에 관한 코덱스Codex on the Flight of Birds〉

새에 관한 그림과 내용이 가득 담겨 있는 노트다. 새의 비행을 연구하며 하늘을 훨훨 날아다니는 것은 아주 오래된 인류의 꿈이었다.

〈파리 매뉴스크립트 AParis Manuscript A /코덱스 애시번햄 II〉

코덱스 애시번햄 IICodex Ashburnham II는 원래 파리 매뉴스크립트 A의 일부였는데 도난을 당하게 된다. 그 후 이 노트를 사들인 존 애시번햄 백작의 이름에서 유래됐다. 회화론, 학습법, 대인관계에 대한 내용을 담고 있다.

〈파리 매뉴스크립트 B /코덱스 애시번햄 Ⅰ〉

코덱스 애시번햄 I은 원래 파리 매뉴스크립트 B의 일부였는데 코덱스 애시번햄 Ⅱ와 마찬가지로 도난을 당했다. 특히 군사에 주목하여 여러 인종이 발명한 무기를 고찰하고 있다.

〈파리 매뉴스크립트 C〉

빛과 그림자의 관계를 심도 있게 연구하여 아름답고 복잡한 도형으로 표현한 노트다. 이 책 93쪽에 삽입된 그림을 눈여겨보자.

〈파리 매뉴스크립트 D〉

현존하는 기록 중 분량이 가장 짧은 노트다. 야행성 동물에 주목하고 있다.

〈파리 매뉴스크립트 E〉

그림에 관한 지면이 많고 그림 그리는 법을 가르쳐준다.

〈파리 매뉴스크립트 F〉

"구름은 어떻게 왔다가 사라지는가" "무지개는 언제 볼 수 있는가" 등 주로 자연을 고찰한 노트다.

〈파리 매뉴스크립트 G〉

거울에 태양의 빛을 반사시켜 불을 붙이는 방법을 연구한 노트다. 위험한 내용이므로 정보 누설을 방지하기 위해 일부 내용은 암호를 사용해 기술했다.

〈파리 매뉴스크립트 H〉

"만약 당신이 내게, 내가 당신에게"라는 의미 깊은 문장이 실린 노트다. 동물우화를 이용해 도덕적인 언어를 다수 남겨 인생에 대한 경종을 울리고 있다.

〈파리 매뉴스크립트 I〉

"사람이 만든 역작이 결국은 사람을 죽음으로 이끄는 원인이 될 것이다. 검과 창처럼" 하는 식의 예언이 가득 담긴 노트다.

〈파리 매뉴스크립트 K〉

"달은 밀도가 높다. 밀도가 높은 것은 모두 무겁다, 그렇다면 달은 어떨까?"와 같은 삼단논법으로 기록하고 "왜 달은 떨어지지 않을까?"라는 의문을 던진다.

〈파리 매뉴스크립트 L〉

서두에서 재산과 자유를 잃은 군주를 불쌍하게 여기는 마음을 적어놓은 노트다.

〈파리 매뉴스크립트 M〉

레오나르도의 주옥같은 명언들이 빛나는 노트다.

〈해부 노트〉

인체의 구조를 과학적으로 묘사한 스케치의 원조였으며 인체

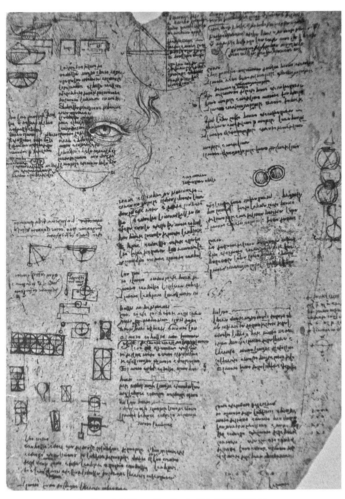

눈이 그려져 있는 고찰 노트, 〈코덱스 아틀란티쿠스〉

해부도의 형식을 개척했다. 〈해부 노트〉에는 동맥경화증을 설명한 첫 사례로 볼 수 있을 만한 기록도 남아 있다.

〈코덱스 윈저Codex Windsor〉

〈최후의 만찬〉과 같은 작품의 밑그림이 그려져 있으며 수수께끼 문제가 실려 있다.

〈코덱스 아룬델Codex Arundel〉

이 노트를 입수한 영국의 수집가 아룬델 경의 이름에서 유래됐다. 기하학을 중심으로 기계식의 첨단기술로 이루어진 무대 장치도 그려져 있다.

〈코덱스 포스터 Ⅰ·Ⅱ·ⅢCodex Forster Ⅰ·Ⅱ·Ⅲ〉

이 노트를 입수한 존 포스터John Forster의 이름에서 유래됐다. 천칭이나 공구에 관한 연구 외에 모친의 장례 비용도 메모돼 있다.

〈코덱스 마드리드 Ⅰ·ⅡCodex Madrid Ⅰ·Ⅱ〉

20세기에 접어들어 발견됐다. 잡다한 메모와 아름답고 정교

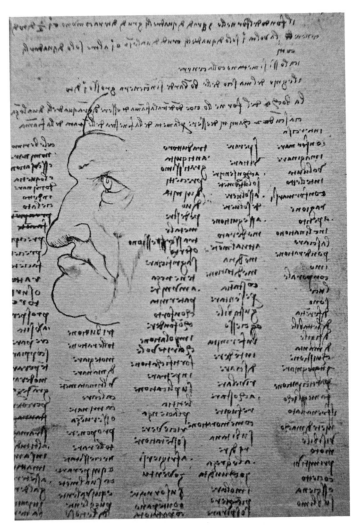

옆얼굴이 그려져 있는 어휘집, 〈코덱스 트리불지아누스〉

하게 그린 기계 디자인이 실려 있다.

〈코덱스 레스터Codex Leicester〉

과거에 노트를 구입한 레스터 경의 이름에서 유래됐다. 빌 게이츠가 1994년에 경매로 구입했지만 〈게이츠 노트〉라고 이름 붙이는 것은 원하지 않았다. 현재 유일하게 개인이 소장하고 있는 노트이며 물과 우주에 관해 고찰하고 있다.

〈코덱스 우르비나스Codex Urbinas〉

제자인 멜치가 편집한 노트로 18권 가운데 10권은 현존하지 않는 노트에서 인용했다. 멜치의 사후에 우르비나스 공의 도서관에서 17세기 중반까지 보관했다. 중심 내용은 회화론, 빛과 그림자의 고찰, 비교예술론이다.

그 밖에 토리노 왕립도서관, 베니스 아카데미아 미술관, 암브로시아나 도서관, 뉴욕의 메트로폴리탄 미술관 등에 노트의 일부가 소장돼 있다.

The Da Vinci Note

Chapter 1

자신을 존중하는 힘

있는 그대로의 나를 인정하라

성공의 자원은 열등감이다

이 남자는 정말 바보다. 말해보게 산드로, 자네는 어떻게 생각하나? 사실대로 솔직히 말하지. 나는 성공하지 못했네.

〈코덱스 아틀란티쿠스〉

"나는 성공하지 못했다"는 레오나르도 다빈치의 말이라고 믿기 어려울 정도로 뜻밖의 발언이다. '만능 천재'로 알려져 있는 만큼 분명히 무슨 일이든 순조롭게 이루어졌을 듯 싶지만, 그런 이미지와는 달리 열등감을 해소하기 위해 노력하는 우직한 자세야말로 그의 원동력이었던 것이다. 다만 단순히 자기비하를 했던 것은 아니다. 지금 사회에서 자신이 어떤 위치에 있는지 현재의 상황을 객관적으로 바라보았다.

'산드로, 자네는 어떻게 생각하나?'에서 말하는 산드로는 조개껍데기 위에 서 있는 여신을 그린 〈비너스의 탄생〉으로 유명한 화가, 바로 그 산드로 보티첼리Sandro Botticelli다. 보티첼리는 레오나르도와 같은 공방에서 일하는 7살 연상의 선배이며 라이벌이었는데, 그가 레오나르도에게 열등감을 안긴 결정적인 사건이 있었다.

시스티나 성당의 벽화를 제작하는 프로젝트에 여러 명의 화가를 선발해 소집했는데, 보티첼리는 뽑혔지만 레오나르도의 이름은 빠졌던 것이다. 최고의 영예를 얻게 되고 보수도 무척 많은 일을 놓친 그의 낙담은 이루 말할 수 없었다. 하지만 레오나르도는 그런 자신의 현재 위치를 인정하고 앞으로 나아갈 길을 선택했으며, 이는 위대한 예술가로 이름을 떨치게 되는 출발선이었다.

2 인생의 원동력이 된 자존감

> 돌고래는 자신의 등지느러미의 날이 얼마나 날카로운지, 그리고 악어의 배가 얼마나 부드러운지 알고 있다. 돌고래는 악어와 싸울 때 악어 밑으로 숨어 들어가 악어의 배를 갈라 죽인다. 도망가는 자나 겁먹고 떨면서 잡으려는 자에게는 악어가 두려운 존재이며 절대 이길 수 없다.
>
> 〈파리 매뉴스크립트 H〉

다빈치식 생각 도구 가운데서 근간을 이루는 것이 자신을 존중하는 힘, 자존감이다. 자존감이 없으면 다른 6가지 힘도 충분히 발휘할 수 없다. 자존감은 자기긍정감과 비슷한 듯하면서도 다른 개념이다. 자기긍정감은 있는 그대로의 자신을 받아들이는 '수비 자세'인 데 반해 자존감은 적극적인 '공격 자세'로 스스로 자신의 존엄성을 높이는 힘을 의미한다. 레오나르도는 의식적으로 자존감을 높여서 다른 힘의 저력을 끌어올리는 데 성공했다.

자존감을 높이려면 우선 자신을 알아야 한다. 그는 돌고래가 악어와 싸워 이기는 단순한 방법을 기록으로 남겼다. 돌고래가 자신의 등지느러미가 예리하다는 장점과 악어의 배가 말랑하다는 약점을 잘 알고 있으면 얼마든지 이길 수 있다는 사실을 가르쳐주고 있다.

자신감을 갖고 강점을 발휘하기만 하면 아무리 막강한 상대라 해도 쓰러뜨릴 수 있다. 하지만 자존감이 없으면 싸우기도 전에 상대에게 압도당하고 만다.

"상대를 알고 나를 알면 백 번 싸워도 위험에 처하지 않는다知彼知己 百戰不殆"는 손자의 명언도 있듯이, 아무리 어려운 일에 맞닥뜨려도 자신과 상대를 파악하고 해야 할 일을 실행하면 반드시 극복할 수 있다.

3 결점보다 장점에 집중하라

철은 손질하지 않으면 녹슬고 만다. 물은 고이면 썩고 추워지면 언다. 마찬가지로 재능도 사용하지 않으면 아무 쓸모없이 사라지고 만다.

〈코덱스 아틀란티쿠스〉

레오나르도는 스승이 인정할 정도로 그림 솜씨가 훌륭했는데도 시스티나 성당의 벽화 제작 프로젝트에 선발되지 못했다. 그 원인은 그림 그리는 속도가 느리고 미완성 작품이 많으며, 지시를 무시한다는 세 가지 결점에 있었다.

그림을 의뢰했지만 납기를 지키지 않는다. 꽤 그렸나 싶더니 완성시키지 못한다. 완성했나 싶었더니 의뢰한 내용이 반영돼 있지 않다. 이런 최악의 세 박자가 갖춰진 사람에게는 아무도 일을 맡기고 싶어하지 않을 것이다. 하지만 그는 이 결점을 고치려 하지 않고 끝까지 자신의 화풍과 가치관을 고

수했다. 그 이유는 무엇일까.

그림을 늦게 그린다는 것은 그만큼 심혈을 기울여 그리기 때문이며 좀처럼 완성하지 못하는 것은 그만큼 깊이 생각하고 있다는 증거다. 또한 지시를 무시한다는 것은 뒤집어 말하면 창의성이 높은 작품을 탄생시킨다는 사실을 의미한다. 즉, 레오나르도는 결점의 이면에 있는 장점을 정확히 파악하고 있었던 것이다. 그리고 장점만으로 승부하는 방법을 모색하여 느리게 그리는 속도에 적합한 그림 물감을 개발하고 전례 없는 참신한 구도로 그려 감상하는 사람들을 매료시켰다.

우리는 겸손을 미덕으로 삼는 문화를 갖고 있는 한편, 갖추지 못한 것에 더 신경을 쓰는 경향이 있다. 결점을 고치는 데 지나치게 얽매이기보다는 장점을 살리고 재능을 발전시켜 더 좋은 결과물을 만든다면 자존감 또한 높아진다.

계속하는 사람이 이긴다

불 붙이는 쇠에 얻어맞고 놀란 돌이 격하게 언성을 높였다. "왜 나를 괴롭히는 거지? 다른 사람으로 잘못 본 거 아냐? 날 좀 못살게 굴지 마. 나는 아무에게도 잘못한 게 없다고!" 그러자 쇠가 "참고 견디면 멋진 결과가 나올 거야"라고 대답했다. 돌이 마음을 바꾸고 고통을 감내하자 이윽고 불이 환하게 붙었고, 그 불의 위력은 인류에게 무한한 도움을 줬다. 이는 학습을 시작한 초심자가 자신을 자제하며 꾸준히 노력한 결과 위대한 업적을 이루는 일에 비유할 수 있다.

〈코덱스 아틀란티쿠스〉

"나는 계속할 것이다" 레오나르도가 말년에 중얼거렸다는 이 말이 노트에 남겨져 있다. 무엇을 계속하려고 한 것인지, 중요한 말이 생략돼 있지만 그 말이 무엇이든 레오나르도는 어떤 일을 꾸준히 지속하는 태도를 중요하게 여겼다는 사실을 알 수 있다.

레오나르도가 평생 계속했던 것은 자신을 표현하는 아웃풋 작업이며 자신의 메시지를 전하는 일이다. 그가 탁월한 능력을 발휘하며 활약한 것처럼 보이지만 실제로는 '조사를 기반으로 노트에 끊임없이 기록한다' 그리고 '그림을 계속 그린다'는 두 가지 단순한 반복을 통해 모든 위업이 창출됐다.

반복된 작업을 계속함으로써 자존감을 키워갔으며, 마침내 주위에서 인정받는 존재가 될 수 있었다. 평생 꾸준히 연구한 결과, 과학자로서 수많은 업적을 남기면서 위대한 예술가가 된 것이다(게다가 후세에 이 노트와 그림은 모두 세계에서 가장 비싼 금액에 낙찰됐다).

미일 프로야구 통산 4,367안타를 기록하고 45세까지 현역으로 활약한 이치로 선수도 꾸준한 연습을 계속했다. 경기 전에는 정해놓은 항목대로 스트레칭을 하고, 경기 중에는 타석에 들어서기 위한 준비 동작을 꾸준히 실시했으며 시합이 끝난 후에는 반드시 야구 도구를 손질했다. 원정 경기에 나설 때는 꼭 베개를 갖고 다니며 자기관리를 철저히 했다. 큰 성과를 내는 사람은 '새로운 일을 시도하는 사람'이라고 생각하기 쉽다. 하지만 '돌과 쇠'의 비유에서도 알 수 있듯이 레오나르도는 '계속하기'를 철저하게 실천했다. 결실은 그 노력 끝에 맺어지는 법이니 이 순서를 잊지 말아야 할 것이다.

5

틀 밖에서 쌓은 경험이
진짜 지식이다

교육을 덜 받았다는 이유로 나를 무식한 인간이라고 무시하고 비
판하는 인간들이 있다. 어리석은 무리다. 확실히 나는 그들처럼 저
자들의 글을 인용하지는 못한다. 하지만 또 다른 스승인 '경험'에
훨씬 더 뛰어난 가치가 있다. 그들은 자신이 아닌 타인이 애써 얻은
지식을 이용할 뿐이다. 그런데도 실제로 경험을 통해 창작하는 나
를 경멸한다면 그들이야말로 비난받아 마땅하다.

〈코덱스 아틀란티쿠스〉

자존감은 '자신의 인격을 소중하게 여기는 마음. 또한 자신의
사상이나 말과 행동에 자신감을 갖고 다른 사람의 간섭을 배
제하는 태도'를 가리킨다. 남이 한 말에 일일이 신경 쓰다가는
자존감을 키울 수 없다. 자신이나 스스로 믿는 가치관을 부정
당했을 때 효과적으로 대처하는 방법은 상대의 말을 비판하는
것이다. 〈다빈치 노트〉에 쓰인 내용의 대부분은 우선 비판으
로 시작하고 그 뒤에 자신의 의견을 서술하는 식으로 돼 있다.

당시 피렌체의 명문 메디치가는 '플라톤 아카데미'라는 지적 모임을 주재했다. 플라톤 철학을 중심으로 배우는 학자와 문인의 모임으로 낭독회와 강연회를 정기적으로 열었는데, 레오나르도는 그 모임에 한 번도 초대받지 못했다. 스스로 인정했듯이, 당시의 지식인에게는 당연한 기본 소양이었던 라틴어를 몰랐기 때문이다.

하지만 학식이 없다고 비난받는 상황을 스스로 받아들인다면 자존감이 떨어지게 된다. 그래서 그는 '경험의 제자 레오나르도 다빈치'라고 자신의 존재를 정의했다. 경험을 가장 중요한 척도라고 한다면 그저 타인의 문장을 인용해 담론을 즐기는 사람들이야말로 하찮을 뿐이다. 위축되기는커녕 그렇게 선언함으로써 열등감을 자신감의 에너지로 변환하고자 했다.

6

비판은 자기 이해를 위한 도구다

> 배경 묘사 같은 건 연구해도 소용없다고 말하는 사람들이 있다. 보 티첼리 역시 "벽에 스펀지를 던지기만 해도 벽에 얼룩이 생긴다. 그 얼룩도 아름다운 풍경이다" 하고 배경을 대수롭지 않게 여긴다. 하지만 설령 그 얼룩이 아이디어를 떠올리게 해줘도 세부적인 마 무리를 하기에는 불충분하다. 보티첼리가 그린 풍경은 너무나도 어설프다.
>
> 〈코덱스 우르비나스〉

배경의 풍경을 소신껏 묘사했던 레오나르도 다빈치이기에 보 티첼리에 대한 비판도 가능했다. 게다가 그는 자신의 특기인 원근법을 무기로 비판을 이어나간다.

"산드로, 왜 두 번째가 세 번째보다 낮은 위치에 있는 것처 럼 보이는지 자네는 설명하지 못할 걸세."

레오나르도는 높은 평가를 받고 있는 대상을 일부러 비판 하여 자신을 존중하는 힘을 점점 키워갔다. 하지만 단지 상대

를 헐뜯고 욕하는 태도는 비판이 아니라 중상모략에 지나지
않는다. 또한 이때 말하는 비판의 진짜 목적은 상대의 잘못을
바로잡는 게 아니라 비판을 통해 자신의 강점을 재인식하는
데 있다. 자신이 느끼는 위화감을 소중히 여길 줄 알아야 발
전할 수 있다. 자신이 옳다고 확신한다면 노트나 스마트폰에
마음껏 메모해보자.

레오나르도가 산드로라고 지명한 것은 특별한 경우일 뿐
이며, 감정의 기복이 심한 미켈란젤로를 비판할 때는 이름을
밝히지 않았다. 자존감을 높이기 위한 비판이지 논쟁을 일으
키는 데 목적을 두지 않았기에 다른 사람에게 보여줄 필요가
없으며 자신만 알고 있으면 되는 것이다. 상대에 대한 비판을
적어보면 이제는 자신이 무엇을 할 수 있는지 분명하게 인식
된다. 비판은 진정한 자신을 아는 데 필요한 도구다.

7

롤모델의 행동을
철저하게 따라 하라

화가는 우선 훌륭한 스승들이 그린 그림을 배우고 따라 해보는 습
관을 들이는 것이 좋다.

〈코덱스 애시번햄〉

레오나르도 다빈치보다 앞서 만능 천재가 있었다는 사실을
아는가? 그의 이름은 레온 바티스타 알베르티Leon Battista Alberti
다. 회화, 조각, 건축, 시, 수학, 연극, 음악, 운동 등 그의 활약
은 다양한 방면에 걸쳐 있었으며, 틀림없는 또 한 사람의 레
오나르도라고 할 수 있다.

　레오나르도는 알베르티를 철저하게 따라 했다. 그는 알베
르티가 저서 《회화론》에서 제창한 '피라미드(삼각형의 구도)'
라는 말을 수차례 사용했으며 〈모나리자〉〈최후의 만찬〉〈성
안나와 성 모자〉 등 실제로 여러 개의 걸작이 이와 같은 구도
로 그려졌다.

이렇게까지 철저하게 알베르티의 가르침을 실행한 화가는 레오나르도밖에 없다. 본을 받을 만한 대상을 정해서 따라 배우고 우직하게 실천한 결과, 자신도 세상으로부터 만능 천재로 인정받았다. 알베르티는 레오나르도에게 완벽한 롤모델이었다.

당신에게 최고의 롤모델은 누구인가? 가까이 있는 사람, 역사상의 인물, 예능인, 만화나 소설의 등장인물, 누구라도 좋다. "이 사람이야!" 하고 정했다면 철저하게 똑같이 행동해보는 방법도 한 가지 돌파구가 된다.

콜라주 롤모델을 만들어라

가공의 동물을 그릴 때 어떻게 하면 진짜처럼 보일 수 있을까. 진짜처럼 보이려면 실제로 존재하는 동물과 닮게 그려야 한다. 용을 그리고 싶다면 머리는 마스티프나 포인터 같은 개, 눈은 고양이, 귀는 호저, 코는 사냥개, 눈썹은 사자, 이마는 늙은 수탉, 목은 거북을 참고로 하면 된다.

〈코덱스 애시번햄〉

'완벽한 롤모델'을 소개했는데, 어떤 방면에서도 존경하는 사람을 찾지 못했다면 다른 방법이 있다. 바로 '콜라주 롤모델'이다. 콜라주란 신문이나 사진, 직물, 철사 등 다양한 재료를 붙여 조합한 현대 회화 기법을 뜻한다.

주위를 널리 살펴보면 강렬하게 빛나는 장점을 지닌 사람이 많이 존재한다. 모든 면에서 완벽하다고 생각되는 사람은 좀처럼 찾기 힘들어도 '특정 분야에서 뛰어난 사람'이라면 바로 발견할 수 있을 것이다. 쉬운 예로, 어떤 선배가 시간을 무척 효율적으로 활용한다거나 TV에서 본 연예인이 이야기를 이해하기 쉽고 재미있게 하는 모습이 인상적일 수도 있고 또는 전철에서 패션 센스가 뛰어난 사람을 보았다거나 친구에게 받은 선물에 감동한 일 등 다양한 상황에서 배울 거리가 분명히 있기 마련이다.

좋은 인상을 받거나 가슴에 와닿은 일을 그대로 지나치지 말고 자신의 것으로 만들어보는 것이다. 어떤 점이 창의적이고 좋았는지 핵심을 기록해두고 자신도 그대로 실천해보자. 그렇게 해서 소소한 부분부터 조금씩 연마하고 타인의 장점을 콜라주해서 자신의 것으로 흡수하면 차츰차츰 스스로 원하는 이상적인 모습으로 거듭날 수 있다.

두려움을 넘어서면
새로운 길이 보인다

나는 우연히 거대한 동굴 앞에 이르렀고 그곳에서 한동안 망연히
선 채 움직이지 못했다. 굽힌 허리에 왼손을 대고서 찌푸린 미간 위
에 오른손을 갖다 대고는 동굴 안을 들여다보았다. 하지만 동굴 안
은 캄캄해서 아무것도 보이지 않았다. 잠시 시간이 흐르자 내 마음
속에는 느닷없이 공포와 욕구라는 두 가지 감정이 꿈틀거렸다. 섬
뜩하리만치 컴컴한 동굴에 대한 공포와 그 깊숙한 안쪽에 무언가
신비한 것이 숨어 있는 게 아닐까 하고 확인하고 싶은 욕구였다.

〈코덱스 아룬델〉

레오나르도 다빈치라는 이름은 '빈치 마을의 레오나르도'라
는 의미다. 빈치 마을은 이탈리아 피렌체에서 서쪽으로 약
30km 떨어진 곳에 있는 목가적인 마을로 자연 경관이 아름
답고 풍요롭다. 현재는 다빈치 박물관 두 군데와 다빈치 생가
가 있어 관광지가 됐다. 필자도 생가를 방문한 적이 있는데
한쪽에 올리브 나무가 무성하고 포도밭 땅 위로 작은 도마뱀

이 슬금슬금 기어가던 모습이 인상적이었다.

그곳을 산책했던 레오나르도가 우연히 동굴을 발견했다. 정체를 알 수 없는 동굴을 마주하니 '공포'와 '욕구'라는 상반된 두 가지 감정이 솟아났다. 결국 공포의 감정을 이겨내고 동굴을 살펴보다가 고래 화석을 발견하게 된다. 그는 먼 옛날 고래가 헤엄쳐 다니던 무렵을 상상하며 영원히 이어져 있는 긴 역사 속으로 빠져들었다. 이때의 동굴 체험을 계기로 바위로 둘러싸인 동굴 속의 성모 마리아라는 이야기를 묘사한 〈암굴의 성모Virgin of the Rocks〉라는 걸작이 탄생됐다고도 한다.

우리도 인생을 살아가는 동안 때때로 이 동굴과 같은 미지의 세계와 마주칠 것이다. 그럴 때 공포와 욕구 중 어느 쪽을 택할지, '감정의 선택'은 실로 중요하다. 누구나 미지의 세계가 불안하기 마련이지만 새로운 경험이야말로 자신의 시야를 넓혀주고 일찍이 갖지 못했던 발상을 이끌어낼 수 있다. 이렇게 두려움을 극복하게 되면 자신을 존중하는 힘이 훨씬 더 강해질 것이다.

10

부족함은 노력으로 채워라

학문의 토대도 없이 실행에 열중하는 사람은 방향키도 나침반도 없이 항해하는 선원이나 다름없다. 어느 곳을 향하고 있는지도 전혀 알지 못한다. 실행은 항상 올바른 이론을 근거로 이뤄져야 한다.

〈파리 매뉴스크립트 G〉

레오나르도 다빈치는 라틴어를 읽지 못했기 때문에 지적 모임인 '플라톤 아카데미'에 들어가지 못했다. 그 사실을 줄곧 마음속에 담고 있었는지도 모른다. 그는 40세가 넘어서 초급 라틴어 문법책을 구해 어학공부를 시작했는데, 모임에 초대받지 못한 굴욕을 대갚음하려는 마음만인 것은 아니다. 자신의 경험을 토대로 하면서 동시에 이론으로 보강하여 다양한 사물의 진리에 도달하고 싶었던 것이리라. 30대 이후에는 소장하고 있는 책도 늘어났다. 30대 중반에 5권을 갖고 있다고 한 시점부터 소장 도서에 관한 기록이 시작됐는데 금세 38권

이 됐고 50세를 넘어서는 116권으로 점점 늘어났다. 기록돼 있는 책 외에도 독서를 했을 터이니 좀처럼 책을 구하기 어렵던 시대인 점을 감안하면 상당한 독서가였다.

레오나르도는 책을 집필하겠다는 마음을 먹고 있었다. 방대한 〈다빈치 노트〉는 최종적으로 50여 권에 달했다. 연구 내용이 상당히 많은 분야에 걸쳐 있어 미처 정리를 다할 수 없어서 생전에는 출간하지 못했다. 그래도 '학문을 배우지 못한 사람'이라고 자신을 정의하던 그가 말년에는 프랑스 왕에게 '훌륭한 화가이자 건축가일 뿐만 아니라 위대한 철학자'라고 칭송을 받았다. 라틴어로 된 부분에는 여기저기 실수가 보여서 완벽하다고는 할 수 없지만 꾸준한 노력 덕분에 어느 정도 자유로이 사용할 수 있게 된 것이다.

11 자신을 최강의 존재로 여겨라

자신을 매혹시키는 미인을 바라보고 싶을 때 화가는 작품으로 만들어낼 수 있다. 또한 만약 당신이 두려운 괴물이나 우스꽝스러운 피에로, 가여운 사람을 바라보고 싶으면 화가는 그것을 창조할 수 있는 주인이자 신이다.

〈코덱스 우르비나스〉

화가는 모든 것을 만들어낼 수 있는 존재 즉, 신이라고 레오나르도는 인식했다. '나는 신, 다시 말해 최강의 존재다'라고 생각함으로써 자신이 하는 일에 긍지를 지니고 자유로운 창조력을 발휘할 수 있었다. 이 사고법은 뜻밖에도 피카소와 레오나르도의 공통점이다. 피카소가 세 살 때, 대지진이 일어나 아버지 친구인 고명한 화가의 집으로 가족들이 피신을 가게됐다. 공교롭게도 집에 없던 화가가 한참 후에 귀가했는데 그때 마침 국왕이 마차를 타고 국민의 생활을 살피러 나왔던 것이다. 피카소는 왕의 행렬을 보고 이 화가의 귀가를 축하하기 위한 것으로 착각하고 그때부터 화가의 지위를 동경하게 됐다. 이 경험이 계기가 돼 19세에 파리로 향할 때 그린 자화상에 '나는 왕이로다' 라고 써넣기도 했다.

레오나르도는 자신의 존재를 신으로, 피카소는 왕으로 여겼던 것이다. 무명 때였지만 자신을 최강의 존재와 동일시함으로써 두 사람은 단번에 자존감을 높였다.

여담이지만, 이 '신'이라는 표현은 나중에 제자인 멜치가 사선을 긋고 위의 여백에 '창조주'라고 바꿔서 적어 넣었다. 이는 종교회의로 시작된 로마교회의 검열이 강화될 움직임을 예측하고 행한 조치였다. 자신을 신에 비유한 행동이 너무도 대담해서 모독죄로 간주될 위험을 느끼고 대처했던 것이다. 레오나르도는 그렇게까지 위험을 무릅쓰고 최강의 존재로서 세상을 창조했다.

상대가 원하는 것을
먼저 이루어내라

제게는 무기를 발명할 비밀의 기술이 있습니다. 만약 저를 채용하신다면 언제든지 그 효과를 보여드리겠습니다. 평화로운 시대에는 건물과 운하 건설에 관한 훌륭한 일을 수행할 것이며 다른 어떤 사람에게도 뒤지지 않는다고 확신하고 있습니다. 또한 조각과 그림은 그 누구보다도 잘 그릴 수 있고 청동 말도 제작할 수 있습니다. 일족을 위한 불멸의 영광과 영원한 명예를 기념하기 위해서입니다. 이상 열거한 내용 중 어느 하나라도 불가능하거나 실행할 수 없다고 의심된다면 어떤 장소에서든 시도해보일 용의가 있습니다. 삼가, 이와 같이 추천하는 바입니다.

〈코덱스 아틀란티쿠스〉

레오나르도 다빈치는 자신의 능력을 인정해줄 후원자를 찾기 위해 밀라노 공(루도비코 스포르차공작을 가리키며, 그는 1494년 밀라노 공국의 군주 자리에 오름-옮긴이)에게 자신을 소개하는 편지를 썼다. 때는 전란의 시대였고 레오나르도는 이 시기에 군사 관련 일이 필요하다는 사실을 알아차리고는 군사 기술 전문가가 아닌데도 당당하게 자신에 대한 홍보를 펼쳤다. 이 동력이 뛰어난 대포 제조나 비밀 지하도 건설, 포격을 견딜 수 있고 공격과 방어에 모두 뛰어난 배에 관한 아이디어도 적었다. 그런 뒤에 자신을 추천하는 편지 마지막 부분에는 '조각과 그림은 그 누구보다도 잘 그릴 수 있다'라며 예술을 언급했다. 군사 기술자가 되는 일은 목적이 아니라 통과점이었고 궁극적인 목적은 위대한 예술작품을 창조하는 데 있었다. 상대의 입장에서 후원자가 원하는 것을 이루어줄 수 있다고 충분히 설명한 뒤 마지막으로 자신의 희망을 자연스럽게 덧붙여 전달한 것이다. 자신이 원하는 것을 이루려면 먼저 상대가 바라는 것을 이루어줘야 한다.

프리랜서 아나운서인 다키가와 크리스텔은 동물 애호 활동이 인생의 목표였다. 그 목표를 이루기 위해 우선 아나운서로서 성공한 후에 생명체들의 공존을 추구하는 단체를 설립했다. 돌아서 가는 길을 선택한 결과가 오히려 지름길이 될 때가 있다. 다양한 성공 체험을 쌓으면서 주위 사람들의 지지를 얻어 마침내 정말로 하고 싶은 일에 집중할 수 있기 때문이다.

'예술가' 부재의 시대에 '예술가'를 창조한 사람들

르네상스 당시 이탈리아에서는 아직 '예술가'라는 말이 존재하지 않았다. '예술가'가 아니라 그들은 '장인'으로 불렸다. 언어의 차이뿐이라면 상관없겠지만 실제로 '장인 기예mechanical art'를 생업으로 하는 사람들은 '기초 교양'에 관련된 직업에 종사하는 사람들보다 낮은 신분으로 취급 받고 있었다.

'기초 교양' 학문은 ①문법 ②논리학 ③수사학 ④수학 ⑤기하학 ⑥음악 ⑦천문학의 7가지다. 게다가 이 교양 과목의 상위 개념에 있는 철학은 이들 7개 분야를 총괄하는 학문으로 인식됐다. 기초 교양 과목에 포함되지 않는, 그림을 그리는 화가는 신분이 낮은 '장인' 그룹의 일원에 지나지 않았다. 그런 풍조에 정면으로 맞선 사람이 바로 레오나르도 다빈치가 숭배하는 '완벽한 롤모델', 레온 바티스타 알베르티였다.

화가의 지위 향상을 주장한 최초의 인물로 알려진 알베르티는 화가들에게 의식 개혁을 촉구했다. 그가 집필한 《회화론》이라는 책을 통해 화가는 모든 학문과 예술을 아우르는 지식인을 목표로 해야 한다고 강조했다. 그렇게 하지 않으면 화가는 언제까지나 기술 장인의 지위에 머물 수 밖에 없기 때문이다. 특히 기하학에 정통하지 않고는 그림을 잘 그릴 수 없다고 역설했다. 또한 교양을 쌓으려는 사람들에게 문학을 권했으며 시인이나 웅변가와 교류하면서 견문을 넓히라고 설파했다. 알베르티는 화가를 단순히 손재주가 좋은 '장인'에서 학문적 교양을 갖춘 '예술가'의 지위로 끌어올려 기초 교양이 통하는 인문주의자들과 어깨를 나란히 하는 존재가 되기를 목표로 했던 것이다.

레오나르도는 존경하는 알베르티를 본받아 '회화는 학문인가 아닌가' 하는 명제를 설정하고 '회화는 학문'이라고 결론지었다. 실제로 그는 그림을 기하학과 같이 점, 선, 면으로 구성하여 교양 과목의 상위 개념인 철학과 동일화시켰다. 또한 해부학과 원근법, 그리고 빛과 그림자의 연구 성과까지 적극적으로 활용해 작품에 반영했다. 그의 이런 노력은 다음과 같은 말에도 여실히 드러나 있다.

산술, 기하학, 원근법 중 어느 한 가지만 부족해도 아무 일
도 할 수 없다.

〈코덱스 마드리드〉

회화는 철학이라고 증명된다. 회화는 마음의 움직임에 즉
시 반응한 신체의 동작을 다루는 데 철학도 마찬가지로 동
작을 다루기 때문이다.

〈코덱스 우르비나스〉

화가가 인간의 나체를 그릴 때 마음껏 움직이는 자세와 몸
짓을 충분히 표현하고자 한다면 반드시 신경, 뼈, 근육 및
힘줄을 다루는 해부학에 정통해야 한다.

〈파리 매뉴스크립트 L〉

원근법은 회화의 그물망이자 방향키다.

〈코덱스 우르비나스〉

화가들 사이에서 가장 비난받을 일은 빛과 그림자의 경계

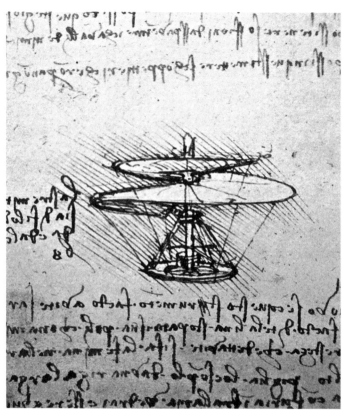

나사형 헬리콥터. 전일본공수(ANA) 항공의 로고로 채택된 스케치, 〈파리 매뉴스크립트 B〉

를 뚜렷하게 그리는 것이다.

<코덱스 우르비나스>

그림을 그리는 일은 육체노동이면서 숭고한 학문이다. 따라서 레오나르도에 있어 회화는 아름다운 묘사로만 끝나지 않았으며, 모든 학문을 총동원한 지知의 결정체였다. <최후의 만찬>이나 <모나리자>가 대중을 매료시킨 것도 다양한 학문으로 뒷받침된 깊은 맛이 있기 때문이다. 레오나르도가 회화를 과학화하는 데 힘을 쏟아 연구한 내용 가운데 한 가지가 원근법이다. 레오나르도는 원근법을 '기하학의 장녀'라고 일컬었다. 사실 원근법은 르네상스 시대에 처음 탄생했다. 건축가인 필리포 브루넬레스키가 '선 원근법'(소실점의 기하학적 의미를 포착해 3차원의 대상물을 입체적으로 표현하는 투시도법-옮긴이)을 고안했으며, 알베르티가 이를 소개하여 회화에도 도입됐다.

회화의 과학화, 원근법

레오나르도는 선 원근법과 더불어 색채 원근법과 공기 원근

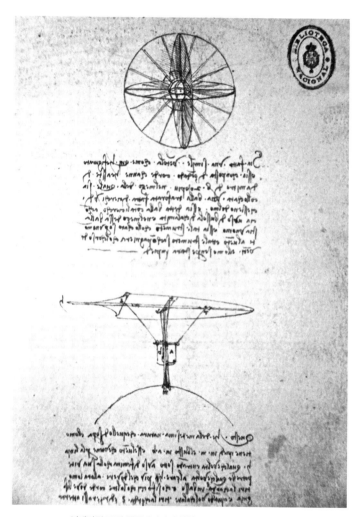

날개바퀴(위)와 행글라이더의 원형(아래), 〈코덱스 마드리드〉

법이라는 세 가지 방법을 활용했다.

① 선 원근법 - 임의의 한 점을 향해 여러 개의 선을 집약하고 그 선을 따라 자신 쪽에서 멀어질수록 점점 작게 그리는 방법.
② 색채 원근법 - 차가운 색 계열에 가까워질수록 멀게 보이고, 따뜻한 색 계열에 가까워질수록 가깝게 보이는 현상을 이용해서 그리는 방법.
③ 공기 원근법 - 거리에 따라 대기의 푸른색 농도를 조정해서 그리는 방법.

조금 더 설명하자면, 먼 거리에 있는 산등성일수록 푸른빛을 흐리게 그려 표현하는 '공기 원근법'은 〈모나리자〉의 배경인 대자연을 묘사하는 데도 사용됐다. 자연을 과학적으로 고찰한 레오나르도는 대기의 차이를 알고 실제적인 묘사를 실현한 것이다.

레오나르도가 세계에서 가장 유명한 그림을 그리고 만능 천재가 된 것도 지위 향상을 목표로 끊임없이 노력한 결과다.

그는 사회 제도가 바뀌기를 기다리지 않았다. 스스로 사회 제도를 바꾸기 위해 거침없이 행동에 나섰고 그 결과 화가는 '장인'에서 '예술가'로 사회적 지위가 바뀌면서 신분도 격상됐다. 그렇게 원하는 것을 쟁취한 경험 덕분에 자존감이 높아졌으며, 그 다음 도전의 원동력을 만들어냈다.

The Da Vinci Note

Chapter 2

몰입하는 힘

모든 것은 만물에 대한 호기심에서 시작된다

진정 원하는 일을 할 때
몰입의 힘이 커진다

어떤 장애물도 나를 방해하지는 못한다. 깊이 몰입함으로써 모든
장애를 뛰어넘을 수 있다.

〈코덱스 윈저〉

동물을 사랑한 레오나르도 다빈치가 가장 좋아한 동물은 말
이었다. 기마상을 설계하려는 목적도 있어 〈다빈치 노트〉는
다양한 각도에서 그린 말로 가득 차 있다. 정면과 옆, 그리고
비스듬한 각도에서는 물론이고 뒤쪽에서 본 엉덩이까지도 그
리는 철저함을 보여준다. 말의 몸체 비율을 상세히 확인해서
정확하게 그리려고 노력했다. 그 정도의 몰입은 누가 시켜서
될 일이 아니다. 진심으로 마음이 움직여야 비로소 집요하게
몰입할 수 있다.

미국의 만화영화 제작자 월트 디즈니는 철도 마니아로 잘
알려져 있는데 그 열정은 자택의 뒤뜰에 철도를 미니어처로

만들어놓았을 정도다. 디즈니랜드도 원래는 증기기관차가 달리는 '교통박물관'으로 만들려고 했다(실제로 아메리카 대륙을 흐르는 대운하의 이름을 붙인 증기기관차가 달리고 있다). 대중을 매료시키는 근본에는 역시 몰입하는 힘이 있다.

레오나르도의 〈코덱스 레스터〉를 소유하고 있는 빌 게이츠는 13세 무렵에 독학으로 프로그래밍을 완전히 습득했다고 한다. 컴퓨터의 매력에 사로잡혀 창업하고 나서도 프로그래밍에 열중했다. 프로그램을 짜고, 때로 영화관에 가서 기분 전환을 하고 나서 다시 프로그램을 짠다. 그런 일과의 연속이었던 빌 게이츠는 자신의 체험을 통해 이렇게 조언한다.

"성공의 열쇠는 목표를 잃지 않는 것이다. 자신이 가장 능력을 발휘할 수 있는 범위를 확인하고 그 일에 시간과 에너지를 집중하라."

2

상식을 의심하고
뒤집어 생각하라

파리가 소리를 내는 원인은 날개에 있다. 날개를 조금 잘라보거나
간신히 날 수 있을 정도로 날개에 꿀을 약간 발라보면 알 수 있다.
날개의 장애 정도에 따라서 날갯짓할 때의 소리가 날카로운 소리
에서 둔탁한 소리로 바뀌기 때문이다.

〈해부 노트〉

당신의 눈앞에 파리가 윙윙 소리를 내며 날아간다고 하자. 누
구나 "가까이 오지 마, 저리 가!" 하고 뿌리칠 것이다. 하지만 레
오나르도는 파리를 보고 "이 윙윙 소리는 어디서 나는 거지?"
하고 궁금해했다. 파리라는 존재 자체에 관심을 갖지 않으면
이런 의문은 절대 생기지 않는다. 그리고 레오나르도는 관찰
과 실험을 통해 그 소리가 날개에서 나온다는 사실을 알아냈
다. 발견은 관찰에서, 관찰은 의문에서 생겨나기 마련이다.

바다 건너 이국 땅, 그리스의 파르테논 신전을 떠올려보자.

새하얀 기둥이 받치고 있는 백악의 전당을 그려볼 수 있다. 그런데 그 파르테논 신전에 의문을 품은 사람이 있었다.

"파르테논 신전은 정말로 처음부터 흰색이었을까?"

그래서 파장이 다른 빛을 비추어 과학적으로 조사를 해보았더니 실은 굉장히 화려한 색으로 칠해진 신전이었다는 사실이 밝혀졌다. 이 발견으로 '신전은 하얗다'는 고정 이미지가 깨졌다. 게다가 신전뿐만이 아니라 흰색 동상마저도 다채로운 색상으로 만들어졌다는 사실이 드러났다. 모두가 당연하다고 생각하는 상식을 의심하고 관심을 가지면 시야가 넓어지고 새로운 세상이 열린다.

3 '왜'를 5번 이상 반복하라

물은 왜 흐르는가, 그 흐름은 왜 끝나는가. 왜 느려지거나 빨라지는지 그 이유를 설명해보자. 또한 물은 자신보다 낮은 공기와 경계를 접하면 왜 항상 하강하는가. 물은 왜 태양열에 의해 공기 중으로 상승하고 결국 비가 되어 다시 떨어지는가. 물은 왜 산의 정상에서 솟아나는가.

〈파리 매뉴스크립트 E〉

레오나르도 다빈치 연구의 권위자로 알려진 영국의 미술사학자 케네스 클라크는 레오나르도를 '역사상 가장 강렬한 호기심을 가진 남자'라고 평했다. 레오나르도의 관심은 크게 두 가지로 나뉜다.

　① 세상은 어떻게 이루어져 있는가.
　② 인간은 어떻게 이루어져 있는가.

레오나르도는 세상이 어떻게 구성돼 있는지 밝히기 위해서 식물학, 지질학, 천문학을 공부했고 이 세상에 살고 있는 인간에게도 관심을 가졌다. 외부로 뻗어나갔던 호기심이 내부를 향하기 시작한 것이다. 동물과 비교해가며 해부한 인체는 30구라고 기록돼 있고 해부에 관한 내용만 전용으로 기록한 〈해부노트〉도 남아 있다. 이 노트에는 보통 사람이라면 의문조차 품지 않을 인체의 신비를 '왜'라는 의문으로 접근해 탐구한 궤적이 고스란히 담겨 있다. 일부를 인용해보면 다음과 같다.

> "호흡의 원인, 심장이 움직이는 원인, 구토의 원인, 위에 있는 음식물이 아래로 내려가는 원인, 장이 비는 원인, 과도한 음식물이 장내를 이동해가는 원인, 음식을 삼키는 원인, 기침을 하는 원인, 하품을 하는 원인, 재채기를 하는 원인, 손발이 저리는 원인, 손발 한쪽의 감각을 잃는 원인, 가려움의 원인, 성욕과 기타 육체적 욕구의 원인, 배뇨의 원인, 그리고 이러한 육체의 모든 자연적 생리 작용의 원인."

호기심을 좇아 의문을 해결하는 데 몰입하는 힘이 '다빈치식 생각 도구'의 근원을 이루는 부분이라고 할 수 있다.

4

좋아하는 것만이
내 것이 된다

식욕이 없을 때 무리하게 음식을 먹으면 건강을 해치듯이 원하지
않는 학습은 머릿속에도 들어가지 않을 뿐더러 배운다고 해도 내
것으로 흡수되지 않는다.

〈코덱스 애시번햄〉

레오나르도 다빈치는 성공에 대한 조언을 노트에 명확히 남
겼다.

"진심으로 배우고 싶은 일을 찾아 몰입하시오."

도쿄에 있는 한 중·고등학교는 한때 저출산 현상으로 폐교
직전까지 갔지만 도내에서 중학교 지원 수험생수가 가장 많
은 학교로 급성장했다. 이렇게 변모할 수 있었던 주요 원인은
성적 위주였던 기존의 교육 방식에서 벗어나 호기심을 중시
하는 유연한 교육을 실시한 데 있다. 고교생 중 유도만능줄기
세포iPS를 연구해 그 성과를 스탠퍼드대학교에서 발표한 학생

이 나왔을 정도다. 지식을 주입하는 교육 방식을 강요하지 않고 학생들이 능동적으로 배움에 임할 수 있는 환경을 조성한 효과다.

"내일 일요일이네. 난 일요일이 싫어"라고 말한 사람은 프랑스 명품 브랜드 '샤넬'로 유명한 패션 디자이너 코코 샤넬이다. 휴일엔 자신이 좋아하는 '일'을 쉬어야 하는 상황이 괴로운 것이다. 검은색 옷을 상복이 아닌 멋진 패션으로서 입게 된 것도 코코 샤넬의 영향이라고 한다. 그녀의 취미는 연인의 옷을 빌려 입는 것이었다. 남성의 옷에서 영감을 얻어 새로운 여성복을 출시하곤 했다. "내가 입고 싶은 옷 외에는 만들지 않겠다"고 한 말처럼 자신이 좋아하는 것만을 추구하고 열중했기에 사람들을 매료시키는 옷을 만들어낼 수 있었다.

현재도 옛날과 마찬가지다. 레오나르가 조언했듯이 자신이 하고 싶은 일을 찾아 의욕적으로 배우면 효율적으로 흡수할 수 있어 높은 성과를 얻게 된다.

5 시작한 일은 끝을 봐라

> 해부를 할 때는 머리부터 시작해 발바닥에서 끝내라. 뼈관절을 모두 떼어내 뼈와 뼈를 분리하라.
>
> 〈해부 노트〉

레오나르도 다빈치는 인체 해부에 몰입했다. 머리부터 발끝까지 전신을 해체해서 생명의 신비로운 비밀을 탐구하는 데 푹 빠졌다. 100세에 편안하게 죽음을 맞이한 노인의 사인이 궁금해 해부를 하기도 했으며 안구를 해부해 시신경교차 optic chiasm를 세계 최초로 발견하는 공적을 남겼다. 자신의 해부에 대한 남다른 열의를 〈해부 노트〉에 다음과 같이 기록했다.

"당신이 아무리 열정적으로 몰입하고 싶어도 위가 구토를 불러일으킬지 모른다. 그렇지 않다고 해도 피부가 벗겨져 갈가리 찢긴 사체와 함께 하룻밤을 지내는 공포를 극복해

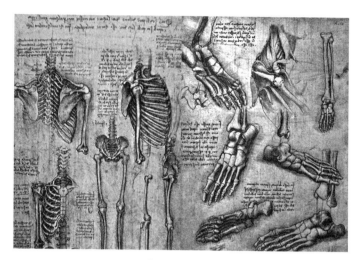

해부도, 〈해부 노트〉

야만 한다. 무섭지 않더라도 그림으로 묘사하는 것은 또 다른 문제다. 소묘 능력만으로는 어림도 없으며 원근법에 관한 지식도 필요하다. 그러한 지식이 있다고 해도 기하학적인 증명법이나 근육의 기능과 강도 계산법을 모를 수도 있다. 마지막으로는 이 일들을 반복할 인내력이 필요하다. 내가 만족한 연구를 해냈는지는 연구 노트로 판단해주면 된다. 만약 불완전하다면 그것은 태만한 탓이 아니라 단지 시간이 부족했을 뿐이라고 자신 있게 말할 수 있다."

레오나르도는 사체에서 풍기는 악취에도 아랑곳하지 않고 해부를 계속했으며 보기만 해도 끔찍한 사체와 하룻밤을 지새운다. 상상하기만 해도 오싹하지만, 그가 두려워한 것은 오직 연구가 확실한 성과를 내지 못하고 불완전하게 마무리되는 일 뿐이었다. 끝까지 제대로 완수해야 남들보다 뛰어날 수 있다. 그리고 자신이 해냈는지 아닌지를 아는 사람은 당신 자신뿐이다.

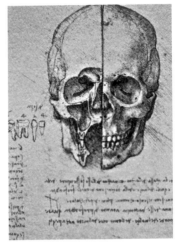

해부도, 〈해부 노트〉

결핍이 재능의 싹을 키운다

검소한 생활은 훌륭한 재능을 착실하게 키우고 호화로운 생활은 그 싹을 죽이고 만다.

〈코덱스 애시번햄〉

세계적 투자가 워런 버핏은 부자가 된 후에도 여전히 서민적인 식사를 좋아한다고 한다. 총자산이 187억 640만 달러가 넘는다고 알려진 억만장자 실업가 일론 머스크Elon Musk는 일찍이 직장생활을 그만둔 뒤 '하루 1달러 생활'을 했다. 한 달에 30달러라면 좋아하는 일을 하면서도 얼마든지 돈을 모을 수 있다고 꿈을 좇았던 것이다.

페이스북 창업자 마크 저커버그의 복장은 항상 티셔츠에 청바지 차림이다. 그리고 그는 주식의 99%를 자선사업에 기부하겠다고 발표했다.

예나 지금이나 성공한 인물들 중에는 검소한 사람이 많다.

레오나르도도 노년에는 큰돈을 벌었지만 신통한 성과를 내지 못하던 젊은 시절에는 하루 벌어 하루 먹고 살던 때가 있었다.

그가 스승에게 인정받아 막 독립했을 무렵이다. 아버지 세르 피에로는 아들을 위해 연줄로 수도원의 제단화 그리는 일을 얻어줬다. 보리나 와인을 현물로 선지급 받아 일을 하는 식이어서 생활에 전혀 여유가 없었지만 그의 그림에는 재능이 빛나고 있었다. 수많은 화가가 그린 〈동방박사의 예배 Adoration of the Magi〉가 주제였는데 대담한 구도로 그려 미완성인데도 도전적인 매력이 넘쳐 났다.

걸작은 최고의 환경이 갖춰져야만 탄생하는 것은 아니다. 소박한 생활이기에 더욱더 주위에 현혹되지 않고 재능의 싹을 키울 수 있다.

7 자신의 벽을 넘어선다는 것

알베르티가 고안한 배의 속도 측정법은 언제나 같은 배가 아니면 제대로 측정할 수 없었다. 실어놓은 짐이나 돛의 위치, 파도의 크기도 같아야만 했다. 하지만 내가 고안한 방법은 어떤 배에서든 항상 사용할 수 있다.

〈파리 매뉴스크립트 G〉

레오나르도 다빈치의 완벽한 롤모델은 알베르티였다고 앞에서 소개했는데, 이 인용문에서는 알베르티보다도 뛰어난 발명을 한 일에 관해 서술하고 있다. 〈다빈치 노트〉의 특징 중 하나는 기하학적 도형이 많이 늘어서 있다는 사실이다. 〈코덱스 아틀란티쿠스〉의 어떤 페이지에는 작은 반원이 한 면에 틈새 없이 빼곡히 들어차 있을 정도로 레오나르도가 기하학에 상당히 몰입했다는 사실을 알 수 있다. 그는 왜 그렇게까지 깊이 빠져들었던 것일까. 기하학을 배우라고 권한 스승 알

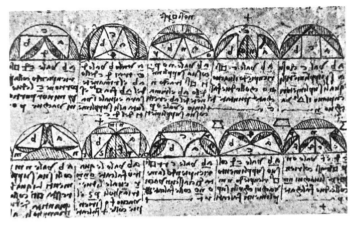

반원의 기하학 모양의 나열, 〈코덱스 아틀란티쿠스〉

베르티보다 한 발 앞서 나가려는 목표가 있었기 때문이다. 싫증날 정도로 원의 도형을 그려가며 고찰을 거듭한 결과, 그는 이러한 말을 남겼다.

성 안드레아의 밤, 나는 드디어 원의 구적법(도형의 넓이와 부피를 구하는 방법-옮긴이)을 발견했다. 촛불이 꺼지고 밤이 끝나 종이가 다 떨어져 가던 아슬아슬한 시각에, 나는 마침내 해결했다.

〈코덱스 마드리드〉

초역 다빈치 노트

이러한 일화도 있다. 레오나르도의 회화 스승은 당대 제일의 공방을 갖추고 있던 안드레아 델 베로키오라는 예술가였다. 이윽고 제자인 레오나르도가 그림의 재능을 활짝 꽃 피우자 훌륭한 묘사력에 압도된 베로키오는 그 후로 붓을 들지 않았다고 전해진다.

스승을 넘어서지 못하는 제자는 한심하지 않은가.
〈코덱스 포스터〉

이는 시대를 초월해 우리 모두가 한 번쯤 되새겨야 할 말이 아닐까.

꿈은 깨져도 그 조각은 크다

거대한 새는 위대한 체체리 산(피렌체 근교에 위치한 산-옮긴이) 정상
에서 비로소 날아오른다. 그러면 전 세계는 경탄의 소리를 드높이
고 모든 책은 그 명성으로 가득 찰 것이다. 이런 일이 가능해진 발
명에 불멸의 명예가 깃들기를.

〈새의 비행에 관한 코덱스〉

레오나르도 다빈치의 비행 도전은 인류 최초로 비행을 성공
시킨 라이트 형제보다 400년이나 먼저 이뤄졌다. 〈다빈치 노
트〉에는 새, 날치, 잠자리, 나비 등 온갖 비행 물체를 관찰하여
어떻게 하면 인간도 하늘을 날 수 있을지 진지하게 고찰한 흔
적이 고스란히 남아 있다. 그중 레오나르도가 주목한 것은 박
쥐다.

참고로 한다면 단연 박쥐다. 새의 날개에는 틈이 있어서 깃

　　　　　　　　　　　　　　　　　　초역 다빈치 노트

곤충, 새, 날치의 비교, 〈코덱스 애시번햄〉

털 사이사이로 공기가 들락거린다. 하지만 박쥐의 날개는 강

력한 골격에 의해 전체로 펼쳐져 틈 없는 막을 이루고 있다.

〈새의 비행에 관한 코덱스〉

레오나르도는 마침내 인간의 근력으로는 새와 같이 날 수 없다는 것을 깨닫는다. 그래서 행글라이더나 날개바퀴라는 참신한 비행 방법을 고안했다. 아쉽게도 당시는 성공에 이르지 못했지만 하늘을 날기 위한 실험과 고찰은 역학을 이해하는 데 유용해서 그의 다양한 활동에 큰 영향을 미쳤다. 가능 또는 불가능을 불문하고 우선 꿈을 그리며 몰두하는 일 자체에 큰 효과가 있기 마련이다. 덧붙이자면 500년 후인 오늘날, 어떤 스위스인이 레오나르도가 설계한 대로 낙하산을 만들어 상공에서 뛰어내리고 착지하는 데 성공했다.

완급 조절로 몰입을 완성하라

때때로 일에서 벗어나 살짝 기분을 전환하는 것이 좋다. 다시 일로 돌아갔을 때 당신은 더욱 뛰어난 발상을 떠올릴 수 있을 것이다. 일에 몰입해 있을 때는 주위가 전혀 보이지 않기 때문이다.

〈코덱스 애시번햄〉

스위스의 역사가이자 미술사가인 야코프 부르크하르트는 〈최후의 만찬〉을 "이 동요動搖로 가득 찬 걸작"이라고 호평했다. 레오나르도 다빈치의 명성을 차지한 이 작품은 어떻게 그려졌을까.

이탈리아 소설가 마테오 반델로는 소년 시절에 레오나르도가 〈최후의 만찬〉을 그리는 광경을 직접 보고 그 모습을 이렇게 기록으로 남겼다.

"아침 일찍 와서는 발판에 올라서서 작업을 시작한다. 때로는 새벽부터 해질녘까지 한 번도 붓을 내려놓지 않고 식음

도 잊은 채 쉬지 않고 그림을 그렸다. 그런가 하면 며칠 동안
은 붓에 손도 대지 않고 작품 앞에서 팔짱을 끼고 몇 시간 동
안 서서 마음속으로만 인물상을 면밀하게 검토하는 듯했다.
또한 느닷없이 뛰어 들어와서는 빛이 들어와도 피하려는 기
색도 없이 그대로 발판을 딛고 올라가 붓을 쥐고 그림에 한 획
두 획 긋고 나서 다시 가 버릴 때도 있었다."

　의외가 아닐 수 없다. 레오나르도의 이 행동에서 배울 점은
항상 몰두해야만 좋은 게 아니라 때로는 탄력 있게 완급을 조
절할 필요도 있다는 사실이다. 아무리 몰입하고 있더라도 집
중 상태가 끊어질 때도 있고 새로운 아이디어를 짜낼 시간도
있어야 한다. 손을 움직이는 작업을 하고 있지 않아도 항상
염두에 두고 다른 행동을 하면서 번뜩 떠오르는 발상을 기다
리는 것도 중요하다 할 것이다.

레오나르도 다빈치가
거울문자로 쓴 진짜 이유는?

레오나르도는 남들이 하지 않는 일에 과감하게 도전했는데 그중에서도 대표적인 예는 문장을 거울문자로 기록한 일이다. 대개 알파벳으로 문장을 쓸 때는 왼쪽에서 오른쪽 방향으로 가면서 쓴다. 그것은 당시 이탈리아어도 마찬가지였다. 그런데 그는 반대로 오른쪽에서 왼쪽으로 가면서 글씨를 쓴 데다가 모든 문자를 반전反転시켜 써 나갔다. 거울문자로 b를 쓰면 그것은 b가 아니라 d를 의미한다. 거울문자로 쓴 문장의 옆에 거울을 두고 보면 정상적인 문장으로 읽을 수 있다. 그는 방대한 노트를 남겼는데 모두 그러한 거울문자로 일관돼 있으며 간혹 거울문자가 아닌 부분은 다른 사람에게 읽게 하기 위한 편지이거나 계산식으로 쓰인 숫자 정도밖에 없다.

레오나르도가 왜 거울문자를 썼는지에 관해서는 지금까지 여러 가지 설이 나와 있다. 학자들은 대부분 그 이유에 대해 왼손잡이인 그에게 거울문자가 쓰기 편해서라고 설명하고 있다. 하지만 쓰기 쉽다는 이유라면 레오나르도 이외에도 왼손잡이인 사람들이 더 많이 거울문자로 썼어야 한다. 또한 비밀을 유지하기 위해서라는 '암호설'도 있지만 거울을 비추면 읽을 수 있기 때문에 그 효과는 의문이다. 실제로 그는 남들에게 알려지면 안 되는 정보는 문장을 도중에 끊어 결정적인 내용은 쓰지 않거나, 일부러 잘못 쓰는 등 여러 가지로 머리를 짜냈다. 그리고 다른 각도로 보면, 거울문자로 쓰는 행위가 뇌에 자극을 주어 그 능력을 최고로 이끌어 낼 수 있기 때문이라는 상상도 할 수 있다. 레오나르도가 뇌에도 관심이 많아 두개골을 데생으로 남긴 사실로 보아도 뇌를 최대한 가동시키는 방법으로 거울문자를 활용했을 가능성도 있다.

'레오나르도 다빈치가 되고 싶다! 속기 거울문자'라는 두뇌 트레이닝 무료 앱이 있다. 2015년에 서비스가 개시된 후 4일간 무려 다운로드 수 10만을 돌파했다고 한다. 거울문자를 사용하면 두뇌의 전두엽이 활성화돼 두뇌를 훈련할 수 있다. 필자도 전철 안에서나 대기 시간에 이 앱을 사용하는데, 게임을 하는 기분으로 가볍게 해도 된다. 글씨를 반듯하고 깔끔하게 쓸수록 점수가 올라가고 다음 단계로 넘어가면서 난이도가

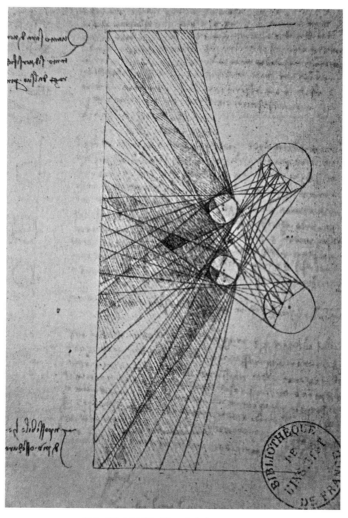

빛과 그림자에 관한 연구, 〈파리 매뉴스크립트 C〉

높아지는 방식이다.

　레오나르도가 거울문자를 썼던 이유가 언어에 대한 승부욕에서 연유한다는 설도 있다. 앞에서도 언급했듯이 라틴어를 몰랐던 그는 학자나 문인들이 모이는 플라톤 아카데미와는 거리를 두고 있었다. 철학이나 시 낭독을 주 활동으로 하던 그들의 토대는 역시 언어였다. 그 언어를 일부러 반대쪽에서부터 거꾸로 씀으로써 반역의 의도를 표명했다고 추찰推察할 수 있다. 이유가 어디에 있든 주위에서 아무도 시도하지 않는 거울문자로 쓰는 방법은 레오나르도의 자존감을 높이는 결과로 이어졌을 것이다.

　'나는 지금 전 세계에서 아무도 하지 않는 방법으로 글을 쓰고 있다!' 이렇게 의식하고 있었다면 거울문자를 쓸 때마다 자존감과 몰입하는 힘이 점점 더 커졌던 게 틀림없다.

　당신이 무언가 특별히 고수하는 것이 있다면 그것은 자신을 존중하는 힘과 몰입하는 힘을 키워줄 것이다. 아무것도 없다면 남들이 하지 않는 일을 습관으로 해보면 어떨까. 〈다빈치 노트〉를 보면 한 번 생각해볼 가치가 있다.

Chapter 3

통찰하는 힘

본질을 꿰뚫어보면 성공의 기회가 보인다

보이지 않는 부분을 간파하는 법

깊이 생각하지 않는 사람은 잘못 판단하는 일이 많다.

〈파리 매뉴스크립트 H〉

인터넷의 보급으로 우리가 접하는 정보량은 급속히 증가했다. 스마트폰이 없던 시대에 비하면 실제로 530배나 증가했다는 통계가 있다. 정보의 홍수 속에서 생활하고 있는 우리로서는 과연 어떤 정보를 신뢰할 수 있는지 선택하는 것이 중요하다. 이때 눈에 보이지 않는 숨겨진 본질을 파악하는 통찰하는 힘이 필요하다.

레오나르도 다빈치는 실험을 철저히 시행하여 사물의 표면에는 드러나기 어려운 진실을 알고자 했다. 이를테면 물은 어떻게 흘러내리는가. 그저 물을 흘려보내며 눈으로 지켜보아도 알기 어려운 것은 말할 것도 없는데, 레오나르도는 어떻게 했을까. 그는 작은 씨앗을 용기 안에 몇 개 넣고 물의 흐름을

초역 다빈치 노트

관찰했다. 그리고 개구부에서 흐르는 물은 한번 수축한 뒤에 흩어져 퍼진다는 사실을 알아냈다.

베일에 싸여 있는 본질을 밝히려면 외부로부터의 작용이 필요하다. 의문을 갖고 질문을 한다. 그리고 귀로 들은 정보에 의존할 게 아니

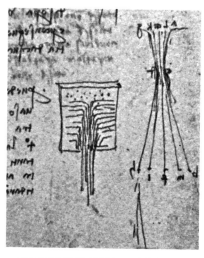

물의 흐름을 씨앗의 움직임으로 파악하는 실험,
〈코덱스 아틀란티쿠스〉

라 자신의 눈으로 직접 확인한다. 뜻밖의 비교를 통해 검증하고 앞을 내다보며 지금 해야 할 일을 역산한다. 또한 상식의 틀에서 벗어나 사물을 고찰한다.

이는 모두 레오나르도가 실천한 일인데 문제에 대해 약간 동적인 작용을 의식하면 통찰하는 힘을 기를 수 있다. 본래 생각한다는 것은 이런 의식을 뜻한다.

먼저 결론을 정하라

부디 결말을 생각하라. 끝나기 전에 신경을 써라.

〈파리 매뉴스크립트 H〉

교황 레오 10세에게 그림 작업을 의뢰받은 레오나르도 다빈치는 우선 마감용 니스부터 만들기 시작했다. 그 모습을 본 교황은 "이 남자는 하나의 작품도 제대로 완성하지 못할 것이다. 작품을 시작하기도 전에 완성 후를 생각하다니!" 하면서 어이없어 했다고 한다. 마무리보다는 우선 해야 할 일이 있다고 생각했을 것이다.

우리는 매일 묵묵히 당장 해야 할 일에 힘을 쏟고 있다. 물론 아주 중요한 자세이지만, 눈앞의 과제에만 몰입하는 까닭에 자칫 최종적인 목적을 놓칠 위험성이 있다.

그 점에서 생각해보면 레오나르도의 일화는 결말에서부터 역산하는 일의 중요성을 가르쳐주고 있다. 마무리의 이미지

초역 다빈치 노트

가 명확해야만 필요한 과정이 결정된다는 방법론이다. 이 순서로 사물을 접하면 자연히 통찰하는 힘이 커진다. 발행부수 4억 부를 넘어서 기네스북에도 오른 만화 〈원피스〉는 부, 명예, 힘을 하나로 모으는 보물 중의 보물 '원피스'를 찾아 모험을 펼치는 해적 이야기다. 20년 이상 연재를 계속하고 있는 작가 오다 에이이치로는 이렇게 말했다.

"마지막만큼은 이미 정해놓았습니다. 그 결말까지 어떻게 다다를지는 아직 정하지 않았어요. 그 대신 어떤 길을 지나가든 반드시 큰 재미를 선사할 최종 결말은 생각해두었지요."

이야기의 중간중간에 깔려 있는 여러 가지 복선도 〈원피스〉의 매력이다. 만화책을 읽다 보면 "그때의 수수께끼가 그런 거였군!"하고 알쏭달쏭하던 의문이 전부 깔끔하게 풀린다. 이 또한 결말이 정해져 있기에 가능한 방법이다.

3 죽음을 삶의 재료로 만들어라

'생生'에 관해서 배울 생각이었는데 '사死'를 배우고 있는 것인가.

〈코덱스 아틀란티쿠스〉

레오나르도 다빈치가 자신이 하고 싶은 일을 마음껏 즐길 수 있었던 까닭은 진지하게 '삶'과 '죽음'을 응시했기 때문이다. 스티브 잡스가 매일 아침 자신에게 던졌던 유명한 질문이 있다.

"'오늘이 인생의 마지막 날이라면 지금부터 내가 하려던 일을 과연 할 것인가?' 이 질문에 만약 '아니요'라는 대답이 매일 이어진다면, 그것은 무언가 바꾸지 않으면 안 된다는 증거다."

프로축구 선수인 혼다 게이스케는 "나에게 축구는 인생의 워밍업"이라고 말했다. 축구교실을 운영하고 향수와 넥타이, 가죽 제품 등의 상품도 직접 기획한다. 더 나아가 진심으로 정치인을 목표로 한 적도 있다고 말하는 혼다 선수가 다양한 일에 도전하는 원동력은 인생이 유한하다고 인식하는 가치관에 있다.

"축구 선수로만 끝내고 싶지 않은 마음이 큽니다. 저는 죽음에 대한 의식이 다른 사람보다 훨씬 강해서 평소에도 절대로 후회하고 싶지 않다거나 사람은 언젠가 죽는다는 생각을 항상 새기고 있습니다. 그러다 보니 과연 무엇을 위해서 살아가는 걸까 하는 데까지 생각이 미치게 됐고 축구를 하기 위해서 살아온 건 아니라는 생각이 들었어요. 그런 인간은 한 사람도 없습니다."

사람은 왜 살아가는가. 어떻게 죽음을 맞이하는가. 레오나르도가 짧은 말로 표현했듯이 인간에게 삶과 죽음은 궁극의 주제다. 원하던 직업을 손에 넣었을지라도 인생에는 아직 남은 날들이 있다. 자신에게 정말로 후회 없는 인생은 무엇인지, 가끔은 멈추어 서서 생각해보자.

두 가지 기준으로
생각하는 습관

양파를 절반으로 자르면 양파 중심의 둘레에 동심원을 이루는 껍질 층이 보인다. 마찬가지로 만약 인간의 머리를 반으로 자른다면, 우선 머리카락을 모두 잘라냈을 때 거기부터 두피, 두근頭筋, 두개골막, 두개골이 보인다. 그리고 내부에는 뇌경막, 뇌연막, 뇌, 마지막에는 토대를 이루고 있는 뼈를 자르게 될 것이다.

〈해부 노트〉

"100엔짜리 동전은 큰가, 작은가?" 하는 질문을 받는다면 어떻게 대답하겠는가? 정답은, 둘 다 아니다. 100엔짜리 동전은 1엔짜리 동전보다 크고 500엔짜리보다는 작기 때문이다.

비교해봐야 그 가치를 알 수 있을 때가 있다. 〈해부 노트〉에 있는 '양파와 뇌의 비교' 그림을 보면, '다른 기준'을 두기만 해도 판단하기 쉬워진다는 사실을 한눈에 알 수 있다.

레오나르도는 이상할 정도로 비교하는 것을 즐겼는데, 비교하는 대상의 규모가 굉장히 컸다. 이를테면, 인체를 지구와

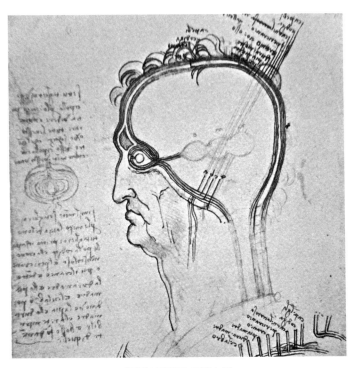

양파와 뇌의 비교, 〈해부 노트〉

비교하고 혈액은 수맥, 뼈는 바위와 유사하다고 인식했다. 또한 〈암굴의 성모〉라는 작품은 두 개가 있는데, 파리 루브르 박물관과 런던 내셔널 갤러리에 같은 제목으로 전시돼 있다. 두 작품은 거의 같은 그림이지만, 주의 깊게 비교해보면 10군데 이상 다른 점을 찾아볼 수 있다. 어쩌면 레오나르도는 그 차이를 통해 메시지를 전하고 싶었던 것이 아닐까.

비교는 세상을 올바르게 바라보기 위한 기본이다. 예를 들면 ①평균 체중이며 운동을 하지 않는 사람과 ②비만이며 운동하는 사람, 어느 쪽이 더 건강하다고 생각되는가? ①이라고 대답하는 사람도 많겠지만 미국 사우스캐롤라이나대학교에서 발표한 연구 결과로 ②의 사망률이 ①의 사망률보다 절반이나 낮다는 사실이 밝혀졌다. 비교를 통해 운동이 얼마나 중요한지 알게 된 것이다. 의견을 전달하는 방법이라는 의미에서도 단지 운동이 중요하다고 말하는 것보다 이 연구 결과를 알려주는 편이 훨씬 설득력이 있다.

정보와 지혜를 교류하라

다른 반구에 떨어져 사는 사람들에게 알린다. 서로의 언어를 이해
하고 함께 이야기를 나누며 포용하라.

〈코덱스 아틀란티쿠스〉

〈다빈치 노트〉에는 에스파냐인, 스키티아인, 아라비아인, 아
시리아인, 에우보이아인, 이집트인, 이디오피아인 등 실로 많
은 인종이 등장한다.

"터키인 바르톨로메오에게 바다의 조수간만 작용에 관해
알고 있는지 편지로 물어보자"라는 기록도 있는 것을 보면 레
오나르도 다빈치가 의식적으로 해외 교류를 했다는 사실을
엿볼 수 있다.

현시대는 전 세계가 인터넷으로 연결돼 있어 대규모의 정보
교환이 가능해졌다. 전화가 처음 세상에 등장한 이후 5,000만
명의 이용자를 확보하는 데 50년이 걸렸지만 트위터는 겨우

2년밖에 걸리지 않았다고 한다. 이는 정보 교환에 대한 세계 규모의 욕구가 잠재해 있었다는 증거다. 오래전 시대에 이를 꿰뚫어봤던 레오나르도의 현안에 지금도 놀랄 뿐이다.

"유럽인은 긴 손톱을 부끄럽게 여겼지만 인디언에게는 모양을 내기 위해 꾸민 긴 손톱이 신사에게 어울리는 몸가짐이다"라는 연구 내용에서 알 수 있듯이 다른 문화와의 교류는 새로운 시각을 얻을 수 있는 계기였다. 한편으로, 〈파리 매뉴스크립트〉에서 "인류는 서로 말이 통하지 않는 상황을 맞닥뜨릴 것이다. 즉, 독일인과 터키인 사이"라고 기록하여 언어의 장벽으로 교류에 방해가 되는 현상이 일어날 것을 염려했다. 하지만 오늘날 몇십 개 국어에 대응하는 통역기도 개발됐고 인터넷 번역도 나날이 진화를 거듭하고 있다. 레오나르도가 눈물을 흘리며 기뻐할 만한 현재의 풍요로운 환경을 적극적으로 활용해야 할 것이다.

6 세상의 통념은 진리가 아니다

노아의 시대에 덮친 대홍수가 정말인지 아닌지 의혹을 느낀다. 몇 가지 이유로 인해 부정하지 않을 수 없다.

〈코덱스 아틀란티쿠스〉

기독교적 세계관이 지배한 중세 유럽에서는 화석도 성경의 말씀을 뒷받침하는 방향으로 설명됐다. 즉, 산꼭대기에서 조개의 화석이 발견된 것을 두고 '노아의 홍수 때 산까지 떠밀려간 조개들이 죽어서 남은 것'이라는 해석이 이뤄졌다. 근대 초까지도 사람들이 굳게 믿었던 이러한 견해들에 맞서 레오나르도 다빈치는 "화석은 고대 동식물의 유해가 땅속에 묻혀 오랜 세월을 지나는 동안 돌과 같이 변한 것"이라는 정확한 해석을 했다.

　레오나르도는 이 과정에서 뛰어난 고찰을 보여준다. 산에서 지층을 조사한 그는 조개껍데기 화석을 포함한 지층이 2단으로 나뉘어 있는 것을 발견했다. 화석층이 2단으로 되어 있다면 노아의 홍수가 두 번 일어났다는 말이 된다. 그는 이에 대한 의문이 생기자 이번에는 화석의 배열에 주목한다. 그리고 조개껍질 화석이 규칙적으로 늘어서 있던 것으로 보아 홍수의 소용돌이에 휩쓸려 올라왔다고는 볼 수 없다고 분석했다. 게다가 화석의 무게를 생각해봐도 홍수로 인해 바다에서 산 정상으로 옮겨졌을 리 없다고 주장한다. 심지어 찾아낸 쌍각류는 껍데기가 쌍을 이룬 완전한 상태로 지층에서 발견됐기 때문이다. 만약 홍수의 격한 물살에 휩쓸려 왔다면 파손됐을 것이 분명하다. 이렇게 레오나르도는 노아의 홍수와 조개 화석은 아무런 관계가 없다는 결론에 도달했다. 그 당시 시대 배경을 생각하면 놀라운 일이 아닐 수 없다. 과학이 발달한 현대에도 대중이 굳게 믿고 있던 사실이 틀렸다고 증명되는 경우가 있다. 정보를 있는 그대로 받아들일 게 아니라 항상 상식을 의심하고 스스로 확인해보면 뜻밖의 사실이나 재미있는 현상이 보일 수 있다.

초역 다빈치 노트

과학의 시선으로
진짜를 가려내라

가짜 과학인 수상학手相學에 관해서 오랫동안 얘기할 생각은 없다. 거기에는 진실이 없기 때문이다. 단지 공상의 산물이며 과학적 근거가 없다. 사람의 생김새나 얼굴 모습을 보면 어느 정도 개개인의 성격이나 장단점이 보인다. 하지만 손은 다르다. 군대의 수많은 병사가 칼로 죽임을 당했을 때 모두 손금이 제각각 다를 것이며 배가 난파했을 경우도 마찬가지다. (중략) 어리석은 사람들을 상대로 점을 쳐서 먹고사는 점성술사들이여, 나를 용서해주시게.

〈코덱스 우르비나스〉

레오나르도 다빈치가 온갖 다양한 일을 탐구했던 동기는 한마디로 진실이 무엇인지 확인하려는 데 있었다. 그만큼 그는 가짜라고 생각되는 것에는 강한 거부 반응을 나타냈다. 전반적으로 점술을 부정하고 강신술사와 마술사를 가장 멍청한 사람이라고 단언했을 정도였다. 진실에 대한 결벽증이 있다고 해도 과언이 아니다. 그런 레오나르도가 한 발 양보해서 인정한 것이 관상학이며 얼굴 인상과 성격의 관계를 구체적으로 서술하고 있다.

> "입술과 코와 눈을 나누는 주름선이 뚜렷한 사람은 쾌활하고 잘 웃는다. 반면에 주름선이 그다지 깊지 않은 사람은 사려 깊은 성격을 지녔다. 그리고 이목구비가 크고 울퉁불퉁한 사람은 충동적으로 화를 잘 내고 이성이 결여된 사람이다."

20세기에 들어서자 뇌과학과 통계학을 조합한 '관상과학personology'이라는 분야가 확립됐다. 재판소의 치안 판사였던 미국인이 범죄자 수천 명의 얼굴에 공통된 특징이 있다는 사실을 깨닫고 연구를 시작한 것이 그 발단이다. 연구 결과, 범죄자의 얼굴을 보기만 해도 그 사람이 어떤 범죄를 저질렀는지 거의 정확히 추정할 수 있다고 한다. 그 후 2만 명 이상을 대상으로 추적 조사를 실시한 결과, 85% 이상의 정확도로 얼굴 생김새에서 성격 유형을 알아낼 수 있었다. 레오나르도의 시대로부터 400년 후의 일이니 역시 그의 선견지명은 감탄할 만하다.

8

자신의 '트레이드마크'를 만들어라

내가 어렸을 때, 신분이 높은 사람부터 낮은 사람까지 모두가 머리는 물론, 허리나 다리까지 옷 가장자리에 닭 볏 같은 장식을 붙이고 있는 모습을 본 기억이 있다. 어떤 때는 유행을 좇아 길이가 긴 옷을 입고 다니느라 옷자락을 밟지 않도록 항상 양손으로 잡고 있어야 했다. 그런가 싶더니 이번에는 사이즈가 작은 옷이 유행해서 꽉끼다 못해 옷이 찢어질 정도었다. 심지어 지나치게 길고 가느다란 구두를 신으면 구두 안에서 발가락이 포개져 물집투성이가 된다.

〈코덱스 우르비나스〉

유행을 지나치게 따라 하는 사람을 비꼬는 문장이다. 레오나르도 다빈치는 긴 옷이 유행할 때 무릎까지 오는 짧은 장밋빛 튜닉을 걸치곤 했다.

현대의 레오나르도 다빈치로 불리는 스티브 잡스는 양복이 아니라, 항상 검은색 터틀넥 셔츠를 입고 프레젠테이션 자리에 나타났다. 그가 고수하게 된 이 스타일은 출장으로 일본을 방문했을 때 만들어졌다고 한다. 다국적기업 소니에서 직원들이 입고 있는 제복을 본 그는 회사와 사원을 이어주는 무언가가 필요하다는 생각에, 소니의 유니폼 디자이너에게 애플 직원들을 위한 옷의 디자인을 의뢰했다. 그런데 개성을 중시하는 미국의 분위기 때문인지 막상 애플 직원들의 불만이 커져서 결국 스티브 잡스 자신만 입게 된 것이다.

그는 자신의 몸에 딱 맞게 주문 제작해서 입었는데 옷의 착용감이 무척 좋아서 집에 똑같은 옷이 100벌 보관돼 있었다고 한다. 결혼식에도 똑같은 옷차림으로 참가했다는 이야기가 있을 정도로 그는 자신의 주관을 끝까지 관철했다.

성공한 이들의 이야기에는 그들만의 특별한 원칙이나 신념에 관한 화제가 공통적으로 등장한다. 주위 사람들이 아무런 관심을 보이지 않아도 자신에게 중요한 일이라고 믿으면 당당하게 실행에 옮긴다. 그리고 자신을 대표하는 상징이 될 때까지 계속하는 것이다. 그렇게 해서 '트레이드마크'를 손에 넣음으로써 자존감이 높아지고, 더불어 유행에 휘둘리지 않고 통찰하는 힘을 키울 수 있다.

9 답은 내 안에 있다

가엾구나, 레오나르도여. 너는 왜 이렇게도 괴로워하는가.

〈코덱스 아틀란티쿠스〉

만능 천재라고 해도 모든 일이 순조롭게 풀리는 것은 아니며, 때로는 역경을 겪기도 한다. 남들이 보면 행복해보여도 실제로는 그렇지 않은 경우도 있다.

"보기에는 아무런 고생도 하지 않는 듯한 물새의 발이 쉴 틈 없구나. 우리도 마찬가지 아닌가"라고 말한 사람은 '미토고몬'이라는 별칭으로 유명한 에도 시대의 번주 도쿠가와 미쓰쿠니다. 아무리 당당한 미토고몬이라도 초조하거나 이런저런 고민으로 괴로워하는 일이 있었던 것이다. 번민은 일이 잘 풀리지 않는다는 그 자체보다도, 실패의 원인을 알 수 없을 때 커지는 법이다. 그럴 때 레오나르도라면 어떻게 했을까. 그가 질문 대장이었다는 사실은 앞서도 말했지만, 그는 벽에 부덫치면 "답은 내 안에 있는 게 아닐까?" 하고 객관적인 관점에서 생각해보곤 했다. 실제로 자문자답은 중요한 문제를 해결하는 데 매우 효과가 큰 방법이다.

미국의 캘리포니아대학교를 비롯해 여러 대학교가 공동으로 연구한 보고서에 따르면, 예를 들어 새해에 "○○을 하겠다!"라고 선언하는 것보다 자문자답하는 편이 달성률이 더 높다는 사실이 밝혀졌다. 이것을 '질문 행동 효과question-behavior effect'라고 하며, 그 효과는 보통 6개월 이상 지속된다. 만약 다이어트를 하고 싶다면 "올해야말로 다이어트를 하겠다!"라고 선언하는 대신, 왜 다이어트를 하고 싶은지 스스로에게 물어보고 그 이유를 종이에 적어 가시화하는 방법을 사용해보자. 자신에게 질문하여 의문점을 확실하게 인식하고 그 과제를 해결하는 방법을 마음속에서 합의해두면 반드시 문제해결로 이어질 것이다.

유연한 두뇌를 만드는 나만의 사전

레오나르도가 실천했던 '말로 유연한 뇌를 만드는 방법'을 소개하고자 한다. 당신은 책이나 인터넷 기사를 읽다가 모르는 단어가 나오면 어떤 방법으로 그 의미를 알아보는가. 어휘력이 뛰어난 사람에게 물어보거나 사전을 찾기도 하고, 또는 인터넷으로 빠르게 검색하는 사람이 많을 것이다. 하지만 인터넷 검색은 편리한 반면에 종이 매체인 사전만큼 상세한 설명이 나와 있지 않는 경우도 많다.

필자는 어느 날 사전의 위대함을 깨달았는데 그 계기는 사전의 매력을 통째로 알려준 미우라 시온三浦しをん의 소설《배를 엮다》였다. 생생한 사실감이 매력적인 소설로, 실제 존재하는 사전도 등장하는 이 작품은 영화(국내에는 〈행복한 사전〉이라는 제목으로 개봉됐다-옮긴이)로도 만들어졌다. 《배를 엮다》에서는 '오늘을 살아가는 사전'을 콘셉트로 하는 새로운 사전 〈대도해大渡海〉를 만드는 과정이 소개되는데, 다음과 같

은 방법으로 수록할 단어를 선택한다. 우선 약 6만 단어가 수록된 국어사전의 단어는 모두 게재한다. 그 다음에는 대표적인 사전인 〈다이지린大辞林〉(일본의 대표적인 출판사 산세이도에서 발행한 중형 일본어 사전-옮긴이)과 〈고지엔広辞苑〉(일본의 대표적인 출판사 이와나미쇼텐에서 발행한 중형 일본어 사전-옮긴이)에 모두 게재된 단어를 싣고, 둘 중 어느 한 쪽 사전에만 게재된 단어는 포함시키지 않는 방향으로 검토한다.

그리고 가장 중요한 과제는 두 사전에 모두 게재되지 않은 단어를 어떻게 처리할 것인가 하는 점이다. 다른 사전에 실려 있지 않은 어떤 단어를 선택해 게재하느냐에 따라 그 사전만의 개성이 결정되기 때문이다. 또한 단어의 정의와 예문에도 굉장한 연구와 고민이 응축돼 있다. 가령 '오른쪽'이라는 단어의 뜻을 설명하라고 한다면 어떻게 이 의미를 전달할 것인가. '왼쪽의 반대'라고 표현하면 간단하겠지만 아무래도 밋밋하고 묘미가 없다. 작품 안에서는 다음과 같이 묘사돼 있다.

"서쪽을 향했을 때 북쪽에 해당하는 쪽이 오른쪽."

"시계의 1시에서 5시 사이의 방향."

"10이라고 썼을 때 0이 있는 쪽이 오른쪽."

표현하는 방법은 무한하다. '사랑'이란 단어의 의미를 검색해 보면 "어떤 사람이나 존재를 몹시 아끼고 귀중히 여기는 마음. 또는 그런 일"이라고 나와 있다. 사전적 의미와 달리 소설에선 이렇게 표현돼 있다.

"누군가를 좋아하게 되어 자나깨나 그 사람이 머릿속에서 떠나지 않고 다른 일이 손에 잡히지 않아 몸부림치고 싶을 정도의 마음 상태. 사랑을 이루게 되면 하늘에라도 오를 듯한 기분이 된다."

'연애'란 단어의 의미를 "특정한 이성에게 특별한 애정을 품어 고양된 마음으로 두 사람만 함께 있고 싶고 정신적인 일체감을 함께 나누고 싶어 한다. 가능하면 육체적인 일체감도 얻고 싶어 하고 평소에는 이루지 못해 안타까운 마음에 사로잡히거나 아주 드물게 이루어서 기뻐하는 상태가 되는 일"이라고 설명한 독특한 사전도 있다. 최근 개정된 사전에선 "특정한 이성에게 다른 모든 것을 희생해도 후회 없을 만큼 애정을 갖고 있다. 항상 상대를 생각하고, 두 사람만 함께 있고 싶어 하며 두 사람만의 세계를 나누고 싶어 하고 그 소망이 이루어지면 기쁘고 조금이라도 의심이 생기면 불안해지는 상태에 놓이는 일"이라고 의미가 변경돼 있어, 끊임없이 검토하고 있다는 사실을 알 수 있다. 단어의 의미에는 한 개의 정답만 있는 게 아니다. 사전을 편찬하는 사람의 감성과 경험, 표현력에 따라 설명이 달라지기 마련이다.

레오나르도는 자신이 마치 사전을 만드는 것처럼 정성을 쏟아 단어를 정의했다. 가령 연애에 관해서는 "오직 사랑만이 내 마음에 머물고 사랑만이 나를 불태운다"라고 문자와 그림, 그리고 음표를 조합한 암호문으로 써서 남겼다.

평범한 사람과 천재를 가르는 경계선 중 한 가지는, 평범한 사람은 수동적으로 받아들이기만 하는 반면 천재는 능동적으로 만들어낸다는 차이다. 이는 단어의 의미를 부여하는 데도 마찬가지라고 할 수 있다. 예를 들어, 레오나르도는 '중력' '빛 · 어둠 · 그림자'에 관해 자신 나름대로 내린 정의를 이렇게 기록했다.

중력

① 중력은 원소의 일부가 그 물체 속에서 끌려 나와 다른 원소 내로 끌려 들어갔을 때, 원래대로 돌아가려는 욕구

와 같다.

② 중력은 어떤 원소가 이동돼 다른 원소 내로 끌려 들어가 거기에서 끊임없이 빠져나가려 탈옥을 시도하는 돌진력 또는 탈주 욕구다.

③ 중력은 일종의 위력이나 다름없다.

〈코덱스 마드리드〉

빛 · 어둠 · 그림자

① 빛은 어둠의 구축자이며 그림자는 빛의 차단이다.

〈코덱스 아틀란티쿠스〉

② 어둠은 그림자가 최대한 강하게 발휘된 상태이며 빛은 그 최소 상태다.

〈코덱스 애시번햄〉

③ 그림자는 빛과 어둠의 감소에 따라 생기며 어둠과 빛의 사이에 있다.

〈해부 노트〉

'중력'에 관해서는 같은 노트 안에서 앞의 글 이외에도 10개

창과 도끼의 디자인, 〈코덱스 애시번햄〉

나 의미를 적어 검토하고 있으며 '빛·어둠·그림자'에 관해서도 몇 가지 정의가 있어 이들을 각기 다른 노트에 적었다.

　다른 사람의 해석을 인용하지 말고 때로는 비유를 사용해서 독창적인 아이디어로 단어를 정의해보자. 그렇게 하면 뇌가 활성화돼 레오나르도와 같은 유연한 사고가 가능해질지도 모른다. 그 한 가지 방법으로서 '나만의 사전'을 만들어 보는 건 어떨까. 당신은 연애, 중력 그리고 빛·어둠·그림자를 어떻게 정의하겠는가.

The Da Vinci Note

Chapter 4

창조하는 힘

상식의 틀에서 벗어나 사고하라

이노베이션이 아니라
리노베이션으로 창조하라

사람은 모두 자신만의 독창적인 방법으로 작품을 만들고는 자신이 그림을 잘 그린다고 생각한다. 그래서 다른 사람의 작품에서 조금도 배우려고 하지 않은 채 자신만의 세계에 빠져 작품을 창작한다. 이는 작품을 많이 만들려는 생각만 하는 사람에게서 드러나곤 한다. 화가는 자신과 대화하면서 자신이 보고 있는 모든 것을 깊이 생각해 그 가운데서 가장 탁월한 부분을 골라내야 한다.

〈코덱스 우르비나스〉

〈벤처백서〉(벤처 비즈니스에 관한 상황과 정보를 다양한 주제로 조사하여 매년 발표하는 자료집-옮긴이)를 비롯한 자료에 의하면 일본의 스타트업 설립 비율은 다른 국가에 비해 현저히 낮다. 일본에 비해 인도는 3배, 중국은 10배, 그리고 미국은 45배의 비율로 기술혁신 사업에 힘을 쏟고 있다. 이처럼 일본이 스타트업 설립 비율이 낮은 이유는 이노베이션innovation보다 리노베이션renovation에 집중하고 있기 때문이다. '0에서 1' 즉, 무에서 유를 창조해내는 이노베이션에 비해 리노베이션은 기존의 것을 개선해 '1을 2, 또는 3이나 5로 재창출하는 것'을 뜻한다.

레오나르도는 천재라는 이유로 이노베이션에 뛰어난 사람으로 여겨지는 측면이 있다. 물론 그는 참신한 발상으로 새롭게 창조하기도 했지만, 사실은 다른 화가가 그린 그림을 참고로 하여 자신 나름의 작품을 만드는 데 재능이 출중했다. 군사 병기나 해부 스케치, 과학적 발명에서도 선인들의 책에서 힌트를 얻어 개선을 거듭한 궤적을 많이 엿볼 수 있다.

레오나르도가 스스로 말하듯, 창조하는 힘이 있으면 깊이 생각해서 탁월한 부분을 골라내 조합할 수 있다. 자신만의 독창적인 방법을 고집해서 제로(0)부터 만들기보다는 뛰어난 것을 조합하면 된다. 그의 리노베이션에는 선인의 발상을 배울 것, 기존의 가치나 사고에 자신의 메시지를 불어넣을 것, 그리고 외견을 세련되고 새롭게 보이게 할 것, 이렇게 세 가지 기준이 있다.

서로 다른 것을 조합하라

이야기를 담은 그림은 대비 효과를 연출하기 위해 정반대의 인물을 함께 표현하면 좋다. 추한 사람과 아름다운 사람, 큰 사람과 작은 사람, 노인과 젊은이, 강한 자와 약한 자, 이렇게 서로 가까이에 둘수록 대비는 선명해진다. 그러므로 가능한 한 서로 다른 인물을 같이 배치하면 좋다.

〈코덱스 우르비나스〉

청년과 노인이 서로 마주하고 있는 모습을 그린 그림이다. 두 사람은 가운데서 교차해 일체가 된 것처럼 보여 강렬한 인상을 준다. 잘 살펴보면 알파벳 U자처럼 돼 있어 마치 정반대의 극을 지닌 자석 같다. 자석이 사철을 끌어모으듯이 '서로 다른 것의 조합'은 큰 흡입력을 갖는다. 2017년 개봉한 엠마 왓슨 주연의 〈미녀와 야수〉는 흥행에 성공을 하며 큰 인기를 얻었다. 내용과 캐스팅 그리고 영상미가 뛰어나기도 했지만, 좋은 반응을 얻은 요인은 정반대의 비주얼을 조합한 콘셉트에 있

〈노인과 젊은 남자의 머리〉, 피렌체 우피치 미술관 소장

지 않을까. 그 밖에도 톰과 제리, 무민과 스너프킨, 셜록 홈즈와 왓슨 박사 등, 대조적인 개성을 띤 캐릭터가 이룬 콤비는 무척 강렬한 인상을 준다.

우리도 사람들을 매료시키고 싶다면 자신의 내면에 정반대의 성격을 내재해보는 방법도 필요하다. 한때 아나운서라고 하면 밝고 지적이며 진중한 인물로 인식됐지만, 요즘 아나운서들은 프리랜서 선언을 하게 될 경우 전형적인 아나운서 이미지와 달리 거침없는 입담과 숨겨진 개그 본능을 발휘하며 호감과 지지를 얻고 있다. 이처럼 기존 관념과는 다른 차별 요소를 겸비한 '자석 인간'이 주목받는 시대가 된 것이다.

어울리지 않는 조합이 새로운 발상을 만든다

적의 지하도 위치를 알고 싶으면 굴이 만들어졌다고 의심되는 모든 장소에 북을 놓아라. 그리고 북 위에 주사위를 여러 개 올려놓자. 당신이 구멍이 파인 곳에서 가까이 있다면 적이 굴을 파내기 위해 올 때마다 주사위가 북 위에서 약간 튕겨 오를 것이다.

〈코덱스 애시번햄〉

〈다빈치 노트〉에는 발명에 관한 메모가 수없이 적혀 있다. 줄칼 제조기, 올리브 압축기, 물 위를 걷기 위한 도구 등 전문적인 지식을 토대로 탄생시킨 발명이 있는 반면, 순간적으로 떠오르는 발상만 있으면 누구라도 생각해낼 법한 발명도 있다.

다음 페이지의 그림은 전혀 다른 세계에 있는 것을 조합하는 방법을 보여주고 있다. 레오나르도 다빈치는 북과 주사위라는, 그 자체의 역할을 생각하면 결코 어울리지 않는 두 가지를 조합해서 새로운 도구를 발명했다. 이 발명 자체가 대단한 건 아니지만 그의 머릿속에 항상 다른 종류의 것을 조합하는 새로운 발상이 있었다는 증거다. 소프트뱅크의 창업자 손정의 회장도 젊을 때부터 특허 취득을 목표로 하여 조합하는 방법을 시도했다. 재학 중에 세계 최초로 음성이 장착된 전자 번역기를 발명하고 샤프와 93만 5,320달러의 계약을 체결한 일화는 유명하다.

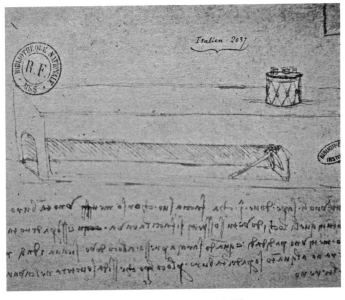

북 위에 놓인 주사위, 〈코덱스 애시번햄〉

초역 다빈치 노트

현대는 그야말로 '컬래버레이션collaboration'의 열풍이 일고 있다. 전혀 관련성이 없어 보이는 두 브랜드의 협업이 오히려 소비자에게 뜨거운 반응을 얻고 있는 것이다.

다른 종류의 조합을 이야기할 때면 손정의 회장이 소개한 흥미로운 발상이 떠오른다. 단어 카드 300장에 정해진 규칙 없이 다양한 명사를 적은 후 무작위로 세 장을 뽑아 세 단어를 조합해 아이디어를 내는 방법이다. 예를 들어 술, 인테리어, 새라는 세 장의 카드를 뽑았다면 '다 마신 후에도 인테리어 장식으로 활용하고 싶은, 새를 디자인한 술' 이런 식으로 조합하는 것이다. 게임을 하는 듯한 느낌으로 시도해봐도 좋을 듯하다.

모순된 말은
유연한 사고에서 나온다

호흡을 멈추지 않고 어떻게 하면 물속에 머물 수 있을까. 이 방법에 관해서는 적지 않겠다. 공표하지 않는 이유는 사악한 인간들이 해저에서 살인에 이용할지도 모르기 때문이다.

〈코덱스 레스터〉

레오나르도 다빈치는 때때로 모순된 말을 했다. 자신에 대해 학문을 배우지 못한 사람이라고 칭하고 경험을 중시하는가 하면, 역시 학문도 중요하다고 역설하기도 했다. 또한 전쟁을 야수같은 인간의 광기라고 비판하면서도 병기를 개발했다. 인용한 〈코덱스 레스터〉의 문장에서는 잠수함에 관해 언급하면서 비인도적이므로 그 제작법은 공표하지 않겠다고 말한다.

그때의 상황에 따라 자신의 사고를 전환할 수 있었던 것은 레오나르도의 대단한 점이다. 한번 결정한 견해를 고집하지 않고 항상 다른 각도에서 검증하기를 게을리하지 않았다. 여기에 창조의 원점이 있지 않을까.

'모순矛盾'이라는 단어는 모든 방패를 뚫는 '최강의 창矛'과 모든 창을 막아내는 '최강의 방패盾'라는 뜻으로 이 창과 방패가 충돌하면 어떻게 될까 하는 의문에서 어원을 찾을 수 있다. 만약 당신이 창을 만드는 무기 제조가라면 세상의 무기를 연구하고 명도名刀를 만드는 스승의 제자로 들어갈지도 모른다. 반대로 방패를 만드는 입장이라면 세상에서 가장 강한 재질을 찾아 검을 막아낼 수 있는 특수 코팅을 표면에 장착할 수도 있다. 창에는 창 나름의, 방패에는 방패 나름의 이론을 바탕으로 한 세계관이 있는 것이다. 상황에 따라, 설령 자신의 의견과 정반대라 할지라도 한번 입장을 바꿔 생각해보자. 자신의 이해손실을 우선으로 따져 일방통행처럼 의견을 내세우지 말고 상대의 입장에 서서 바라보면 시야는 두 배 넓어지고 유연한 창조성도 생겨난다.

5

틀에서 벗어나면 다양성이 보인다

균형 잡힌 몸을 갖고 있거나, 살이 찌고 키가 작은 사람이 있는가 하면 마르고 키가 큰 사람도 있고 보통 키에 보통 몸집인 경우도 있다. 그런데 이런 다양성에 유의하지 않는 화가는 인물상을 항상 판에 박은 듯 똑같이 그리기 때문에 모든 인물이 형제처럼 보인다. 이는 크게 비난받을 만하다.

〈코덱스 우르비나스〉

레오나르도 다빈치는 눈앞의 현상을 획일적으로 받아들여 단순하게 표현하는 것을 가장 싫어했다. 기존의 틀에 맞춰 일하면 본인에게는 편할지 몰라도 발전을 기대할 수 없을 뿐더러 주위에 큰 영향력을 미치지 못한다.

교세라의 창업자 이나모리 가즈오 회장은 사회생활을 시작한 때부터 오늘까지 익숙한 길을 걸어온 적은 한 번도 없었다고 한다. 어제보다는 오늘, 오늘보다는 내일이 더 나아지도록 항상 창조적인 일을 하는 것이 중소기업에서 벗어나 대기업으로 발돋움하는 기본적인 방법이라고 강조했다. 하다못해 청소할 때 걸레를 사용하는 방법 한 가지만 해도 어제와 다른 더 좋은 방법은 없는지 궁리하는 것처럼, 사소한 일에서부터 창의적으로 사고하는 습관이 중요하다고 조언한다.

회화의 규칙에 관해 설명하고 있는 〈코덱스 우르비나스〉에는 '다양성'이라는 말이 여러 차례 나온다. 인물을 모두 똑같이 그리면 안 되는 것은 물론이고 나무 한 그루만 해도 같은 녹색으로 그려서는 안 된다고 설명한다. 같은 종류의 나무라도 저마다 색과 모양이 다르기 때문에 가능한 한 다양하게 표현해야 한다고 설파하며, 그렇게 하지 못하는 것은 최대의 결점이라고 강조하고 있다.

현존하지 않는 레오나르도의 환상적인 회화 〈앙기아리 전투〉(이탈리아 피렌체 시청 벽 안에 숨겨져 있다는 설이 있다-옮긴이)는 몇 개인가 모사품이 남아 있는데, 야수같은 인간의 광기가 일으킨 전쟁에 대한 무서움이 표현돼 있다. 살아 움직이는 듯한 인물과 대담한 말의 구도는 예술가가 본보기로 삼아야 할 '세계적인 배움터'라고 평가 받고 있다. 정해진 틀에 갇히지 않은 다양성이야말로 사람들에게 감동을 준다.

6

유머가 이긴다

어떤 화가가 다음과 같은 질문을 받았다. "정물화는 나름대로 잘 그리면서 왜 아이들은 그렇게 추하게 그리는가?" 그러자 화가는 대답했다. "그림은 낮에 그리지만 아이는 밤에 만드니까요"

〈파리 매뉴스크립트 M〉

제각각 기분 내키는 대로 움직이는 많은 고양이 사이에 단 한 마리, 뒤를 돌아보며 걸어가는 이색적인 생물이 있다. 바로 용이다. 〈다빈치 노트〉에는 이 미지의 생물이 여러 번 등장하는데, 한 마리만 잠입해 들어가 있는 그림의 묘사에서 유머 감각을 느낄 수 있다. 유머는 창조력과 관련이 있으며 인간적인 매력을 발휘하게 만들어 주위 사람들을 사로잡는 최강의 마법이기도 하다.

스위스 취리히대학교에서는 '오랜 세월을 함께할 배우자에게 바라는 성격'에 관해 18세에서 44세까지 327명을 대상으

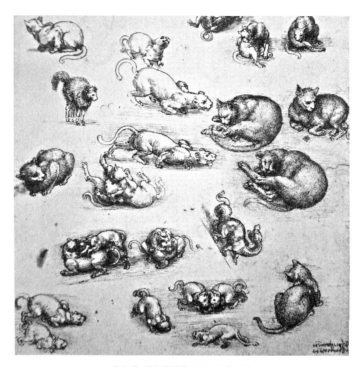

고양이, 용, 작은 동물들 습작, 〈코덱스 윈저〉

로 16개 항목에 관한 설문 조사를 실시했다. 순위를 살펴보면 1위는 자상함과 공감 능력, 2위는 지성, 3위는 유머 감각이라는 결과가 나왔다. 외모는 6위로, 유머 감각의 순위가 더 높았다. 장기적으로 원만한 관계를 유지하기 위해서는 내면을 갈고닦는 것이 중요하다. 재미있는 남자를 이상형으로 꼽는 여성들이 많은데, 실제로 유머 감각이 있는 사람은 이성에게 호감을 주고 또한 결혼생활도 오래 유지한다는 연구 결과가 보고돼 있다.

미국 윈스럽대학교에서는 유머와 행복도의 관계에 대해 20세에서 94세까지 155명을 대상으로 조사한 결과, 농담을 잘하는 사람일수록 자신의 인생에 대한 만족도가 높다는 사실이 드러났다. 아인슈타인도 유머에 관해 이렇게 언급했다.

"유일한 구원은 유머 감각뿐이다. 이것은 호흡을 계속하는 한 잃지 말자."

마음을 사로잡는 미스터리를 남겨라

훌륭한 작품을 남김으로써 후대 사람들에게 내가 ○○○였다는 사실을 증명할 수 있을 것이다.

〈코덱스 아틀란티쿠스〉

여기서 인용한 문장에는 가장 알고 싶은 중요한 말이 빠져 있다. 과연 레오나르도 다빈치는 자신을 어떤 사람이라고 생각했던 것일까. 그밖에도 돈을 태양, 은을 달, 동을 금성이라고 표현하여 재질을 혹성에 비유했으며 수수께끼에도 무척 재능이 있어 그림으로 표현한 단어를 알아맞히는 난센스 퀴즈로 사람들을 즐겁게 하기도 했다. 소설《다빈치 코드》에서 화제가 되었듯이 회화 작품 중에도 미스터리한 부분이 있다. 그 진위를 둘러싸고 여러 가지 비판도 받고 있지만 레오나르도에게 암호 사고가 있었다는 사실은 틀림없는 듯하다.

왜 〈모나리자〉가 세계 제일의 명화인가 하는 의문은 누구나 한 번쯤 품어봤을 것이다. 회화 작품으로서의 완성도는 물론이고 〈모나리자〉의 매력은 누가 뭐래도 '미스터리'에 있다. 애초에 누굴 그린 것일까. 여러 가지 설이 있지만 피렌체의 비단 상인 프란체스코 델 조콘다의 아내인 리자 델 조콘다를 그린 것이라는 의견이 통설로 알려져 있다.

그런데 의아하게도 〈모나리자〉는 그림을 의뢰한 사람에게 전달되지 않았고 레오나르도는 죽을 때까지 가필 수정을 계속했다. 그렇게 한 이유는 단순히 한 여성을 그린다는 사실 이상의 어떤 의미가 있었던 게 아닐까. 또한 왜 대자연을 배경으로 그렸을까. 왜 미소를 띠고 있으며 왜 상복 같은 어두운 색감의 옷을 입고 있을까. 미스터리는 상상력을 자극해 사람의 마음을 강하게 사로잡는다.

8

디테일이 완벽을 만든다

인물상에서 감정을 표현하는 동작은 마음의 움직임과 완전히 들어
맞도록 그려야 하며, 그 동작에는 큰 애착과 열의가 표현돼야 한다.
그렇지 않으면 그 인물상은 한 번이 아니라 두 번 죽는 것이기 때문
이다. 즉, 그 인물은 상상화이므로 한 번 죽고, 그 그림이 마음과 몸
의 움직임도 나타내지 못하니 두 번째의 죽음을 맞이하는 셈이다.

〈코덱스 우르비나스〉

레오나르도 다빈치의 데뷔작 〈수태고지Annunciation〉의 바닥에
깔린 테라코타 타일에는 점토를 구울 때 생기는 작은 공기구
멍이 모두 그려져 있다. 천사의 날개는 무지개색과 금색으로
화려하게 그리는 것이 기존의 관례였지만, 레오나르도는 사
실감이 느껴지도록 날개를 갈색으로 그렸다. 세계에서 가장
유명한 그림 〈모나리자〉에서는 인물의 윤곽선을 안개가 번지
듯이 흐릿하게 표현하는 스푸마토sfumato 기법으로 그려, 마치
그곳에 진짜가 있는 것 같은 착각을 일으키는 데 성공했다.

"사실감을 살려주는 요소가 표면 깊숙이 숨겨져 있는데 그것을 찾아내는 것이 창조에 도움이 된다"는 영화감독 구로사와 아키라黒澤明(〈라쇼몽〉 〈7인의 사무라이〉 등으로 유명한 일본 영화계의 거장-옮긴이)가 한 말이다. 그는 사실감을 철저히 추구했기에 이에 관련한 에피소드도 많다. 시대극의 무대 세트를 망원렌즈로 들여다보니 못이 튀어나와 있어 촬영을 중단한 일도 있고, 성문 모양의 사실감이 떨어진다는 이유로 야외촬영 현장에 설치한 세트를 전부 부수고 다시 짓기도 했다. 열지도 않는 서랍장 안에 당시의 생활에 필요한 옷을 넣어 뒀는데, 심지어 그 옷도 가족 구성의 인원수에 맞췄다고 한다.

보이지 않는 곳이나 사소한 부분까지 신경 써야 한다는 의미를 담고 있는 '신은 디테일 속에 존재한다God is in the details'는 말도 있듯이 구로사와 감독은 '진짜 같은' 정도로는 불충분하다고 여기고 '진짜가 아니면 안 된다'는 뜻을 관철했다. 일을 되는대로 날려서 하면, 눈에 보이지 않는 부분이라도 언젠가는 상대에게 간파 당하기 마련이다. 아무도 눈치 채지 못할 정도로 철저하게 해야 비로소 일을 완성할 수 있다. 그것이 세상에 영향을 미친 인물들의 암묵적인 창조 규칙이다.

9
카오스 속에서
아이디어를 찾아라

재능을 깨워 발상을 얻는 데 매우 유익한 방법이 있다. 그것은 갖가지 얼룩이 묻은 벽이나 여러 혼합물로 이루어진 암석을 바라보는 일이다. 만약 어떤 정경을 떠올려야 할 때 당신은 다양한 풍경과 전투 장면, 사람의 움직임, 기묘한 얼굴과 복장 등 무수한 장면을 발견할 수 있을 것이다.

〈코덱스 우르비나스〉

얼룩진 벽이나 여러 가지 물질이 뒤섞인 암석을 바라보며 카오스 같은 그 안에서 무언가를 찾아내는 것, 이 방법이 바로 다빈치식 발상이었다.

전 세계에서 발행 부수 5억 부 이상을 자랑하는《해리포터》시리즈도 카오스에서 탄생했다. 저자인 조앤 롤링은 열차 차창으로 영국의 전원 풍경과 얼룩소를 바라보다가 마법학교라는 무대와 등장인물, 그리고 줄거리까지 한꺼번에 떠올랐다고 한다.

"이 아이디어가 어디서 온 건지 짐작도 가지 않아요. 하지만 어쨌든 제게 찾아왔습니다. 완벽한 모습으로요."

이렇게 이야깃거리를 떠올렸지만 출판은 몇 년 후에나 이루어졌다. 그 사이에 어머니가 세상을 떠나고 자신도 이혼의 아픔을 겪었으며 심지어 우울증까지 걸려 자살만을 생각했다고 한다. 그런 파란만장한 나날 속에서 원고를 완성한 것이다.

세계 일류기업을 유지하는 강력한 전략으로 이노베이션을 일으키고 있는 구글에서는 직원들이 업무 시간 중 20%를 의도적으로 업무와 관계없는 일에 시간을 보내도록 하는 '20% 규칙'을 시행하고 있다. 그 시간에는 하는 일도, 만나는 사람도 업무와 관계없다. 그렇게 평소와 다른 시간을 보내는 가운데서 지메일Gmail 등의 새로운 서비스가 탄생했다.

우리는 바빠지면 자신의 일에 좀더 집중하게 되지만, 의도적으로 미지의 일을 접하는 시간을 보냄으로써 복잡한 상황을 타개할 좋은 아이디어를 떠올릴 수 있다.

이미지를 떠올리며 이야기하라

폭풍우로 해일이 밀어닥치고 대기가 어두운 구름으로 뒤덮이는 광경이 보인다. 그때는 비와 바람이 뒤섞여 거센 번개가 몰아친다. 수목은 지면에까지 쓰러져 있고, 비스듬히 기울어진 가지에는 잎의 뒷면이 보인다. 수목은 마치 두려운 폭풍의 위력에 놀라 자신이 있는 곳에서 도망치려는 것 같다. 동물들은 공포로 인해 통제력을 잃고 해변의 곳곳을 전속력으로 뛰어다닌다. 구름이 팽창해 발생한 천둥은 무서운 번개를 끊임없이 내보내고, 그 빛은 어두운 야외의 여기저기를 비춘다.

〈코덱스 우르비나스〉

이 문장을 읽으면 마치 영화를 보고 있는 듯한 광경이 떠오른다. 이 폭풍우에 관한 글을 읽은 시인 괴테는 그 생생한 묘사에 경탄했다고 한다.

일본의 코미디언 겸 영화감독인 비트 다케시가 무명 시절에 어떤 대선배에게서 배운 개그 비법은 이야기를 하기 전에 머릿속으로 영상을 떠올려보라는 것이었다. 머릿속에 떠오른 영상을 설명하면 이야기가 한층 더 실감나고 상대가 간접 체험하게 만들어 자신이 전하고자 하는 내용을 훨씬 자연스럽게 전달할 수 있다.

이를테면 "근사한 카페에서 모닝세트를 먹고 왔어요!" 하는 말은 영상을 설명하는 것이 아니라, 사실을 전달하는 데 지나지 않는다. 반면에 정경을 떠올려 "나무의 포근함과 초록의 편안함이 느껴지는 북유럽풍 카페에서 알맞게 익힌 수란을 얹은 에그 베네딕트 세트를 먹고 왔어요!" 하고 말하면 듣는 사람도 머릿속으로 이미지가 떠오를 것이다. 결국 중요한 것은 구체성이다. 레스토랑의 요리 이름도 마찬가지여서 상상력을 자극하기 위해 일부러 길게 표현하여 구매 욕구를 불러일으킨다. 단순히 새우소테가 아니라 '뉴칼레도니아산 천사새우소테와 사워크림소스를 곁들인 토종닭 구이'라고 요리 이름을 붙이거나, 토마토라고 부르는 대신에 '아침에 따서 신선한 유기농 토마토'라고 표현하는 것이다. 이러한 영상 커뮤니케이션을 실천해보자.

일상을 비틀어 비일상화하라

우리의 모든 인식은 감수성으로 결정된다.

〈코덱스 트리불지아누스〉

레오나르도 다빈치는 자신다움을 표현하는 문자를 썼다. 특히 대문자 Q는 독창적이다. 자세히 들여다보면 원 안에 선이 두 줄 그어져 있고 그 옆에 점이 두 개, 또는 네 개가 들어 있다. 흥미롭게도 같은 페이지에 나와 있는 Q 역시 평범한 Q와 장식체인 Q가 혼재해 있어 순수하게 즐기면서 쓰고 있는 모습이 그대로 전해진다.

필자는 레오나르도를 연구하는 학자들이 저술한 연구서를 닥치는 대로 읽었는데 이 신기한 Q에 주목한 사람은 없었다. 그는 왜 이런 모양의 Q를 쓴 것일까? Q가 들어간 단어는 문장의 서두에 자주 쓰였다. 문두의 Q를 장식체로 꾸며 예술화함으로써 레오나르도의 주장인 "그림과 도표는 문자를 능가

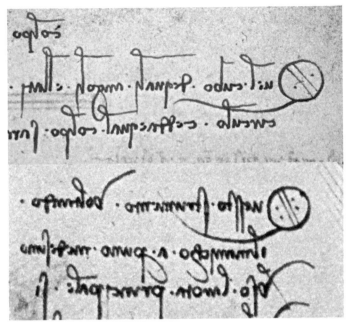

특징이 있는 대문자 Q, 〈코덱스 마드리드〉

한다" "문장은 그림과 도표에 종속한다"는 사고를 표현한 것
인지도 모른다. 또한 아무도 쓰지 않은 자신만의 문자를 창조
해서 자존감을 키운 것이다.

장식체를 활용해 밋밋한 문자를 예술화했던 레오나르도에
게 쓰는 행위는 일상적인 작업인 동시에 당연한 틀에서 벗어

나 감각을 연마하는 창작 활동이였던 것이다. 매일매일 감성을 쏟는 사소한 노력의 축적이 500년 후의 세상에서 숭배 받는 예술가를 탄생시켰다. 하루하루를 즐겁게 보내려는 마음이 중요하다는 것을 알 수 있다. 재미있는 일이 없는 세상이라도 재미있게 살려고 마음먹는 게 필요하다.

자연은 아이디어의 보고

자연숭배주의, 이 또한 변신의 귀재라 할 수 있는 레오나르도 다빈치의 일면을 보여주는 말이다. 자연에 대한 관심은 평생 바뀌지 않아 일생의 연구 주제이기도 했다. 자연을 찬미하는 말도 남아 있다.

> 재능 있는 인간이 갖가지 발명을 하고 목적에 맞게 다양한 도구를 이용했다고 해도 자연만큼 아름답고 목적에 맞는 발명을 하지는 못할 것이다. 자연이 하는 발명은 무엇 하나 과부족이 없기 때문이다. 가령 움직일 수 있는 팔다리를 동물에게 준다고 해도 평형을 유지하게 해주는 추는 필요 없다.
>
> 〈해부 노트〉

레오나르도에게 자연은 그림을 그리는 데 있어 위대한 스승이며 발명 아이디어의 원천이었다. 비행기를 발명하려고 온

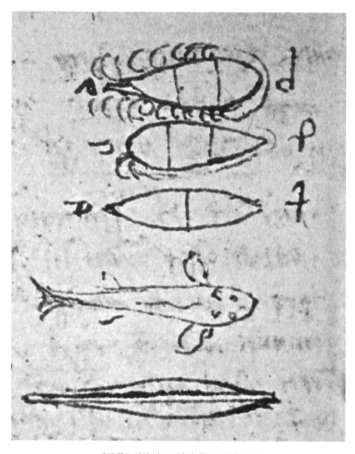

배와 물고기의 비교, 〈파리 매뉴스크립트 G〉

갖 비행 물체를 참고로 했던 일화를 Chapter3에서 소개했는데, 배의 경우는 물고기 모양에서 아이디어를 얻었다. ①전방이 둥근 모양 ②후방이 둥근 모양 ③전방과 후방이 모두 같은 모양, 이렇게 세 종류를 검증하고 물고기와 같은 형상인 ①이 가장 빠른 속도로 전진한다는 사실을 확인했다.

레오나르도 외에도 자연에서 감명을 받은 거장이 있다. 스페인 바르셀로나의 상징인 사그라다 파밀리아 성당을 설계한 스페인의 건축가 안토니 가우디Antoni Gaudi다. 성당의 건축 기간은 100년을 넘어 가우디의 사후에도 건설이 계속됐다. 가우디도 레오나르도와 마찬가지로 자연을 스승으로 우러렀으며 "독창성은 근본으로 돌아가는 일이다"라는 명언을 남겼는데 이때 근본은 자연을 의미한다. 그는 "위대한 책, 항상 펼쳐보고 노력해서 읽을 가치가 있는 책, 그것은 대자연이라는 책이다"라는 말도 남겼다.

실제로 사그라다 파밀리아 성당의 내부는 숲을 모티브로 하여 디자인됐으며, 다른 건축물에도 파도와 나뭇잎, 조개류와 등뼈 등 자연이 낳은 형상을 연구하여 활용해왔다.

현대사회에서도 자연에서 영감을 얻어 다양한 발명이 이뤄지고 있는데 그중 대표적인 5가지 사례를 소개해보겠다.

① 상어가죽 수영복&청새치 수영복

경기용 수영복 개발은 자연에서 영감을 얻어 이뤄졌다. 우선 상어의 비늘 형상을 본떠 수영복에 V자형 홈을 넣음으로써 물살의 흐름을 고르게 하여 마찰효과를 억제하는 데 성공했다. 게다가 물고기의 '모양'이 아닌 그 '질'에 착안해서 시속 100km가 넘는 속도로 점액을 분비하면서 헤엄치는 청새치의 몸 표면을 참고로 하여 물과 접촉하면 젤화하는 수영복을 발명했다. 친수성으로 마찰 효과를 억제하는 데 성공하여 수영선수는 더욱 빠른 속도를 내게 됐다(현재 수영복 소재와 몸을 덮는 범위 규정이 바뀌어 금지됨). 세계 신기록 수립의 이면에는 선수의 노력과 더불어 자연이 주는 실마리가 큰 역할을 했던 것이다.

② 물총새형 신칸센

예전에 일본의 고속철도 신칸센은 터널로 들어갈 때 공기 저항이 크고 충격으로 소음이 발생하여 문제가 됐다. 그래서 개발자가 주목한 것이 물총새였다. '물총새가 물속에 들어갈 때는 왜 물보라가 적게 일까?' 하는 의문에서 연구가 시작됐고 물총새 부리 형상을 신칸센에 적용했다. 그 결과, 앞부분을 새의 부리 모양으로 설계한 '500계 노조미(희망이라는 뜻-옮긴이)' 열차는 주행 저항이 30%, 소비전력도 15% 감소했으며 문제로 부각됐던 터널의 소음도 해결됐다.

③ 도마뱀붙이 테이프

파충류인 도마뱀붙이는 수직으로 된 유리창 위로도 쓱쓱 올라간다. 미끄러지지 않는 이유는 무엇일까? 도마뱀붙이의 손가락 끝에는 무려 50만 개의 털이 있다고 한다. 그래서 손가락 끝에 있는 눈에 보이지 않을 만큼 작은 크기의 무수한 털이 유리 표면의 요철 부분에 들어가 흡인력을 발휘하여 90도 직각으로 이루어진 경사면에서도 거침없이 올라갈 수 있다.

이러한 구조를 응용해서 만들어진 제품이 '도마뱀붙이 테이프'다. 도마뱀붙이의 손끝을 전자현미경으로 보고 그 미세 구조를 분석하여 특수한 접착테이프를 개발했다. 떼어내도

초역 다빈치 노트

기존의 테이프처럼 끈끈한 흔적이 남지 않으며 반복해서 사용할 수 있다는 장점이 있다.

④ 전복 세라믹스

전복 껍데기는 석회와 천연 고분자로 이뤄져 있으며, 두께 1mm 안에 얇은 판이 1,000장 이상 겹쳐 있는 적층 구조이므로 망치로도 쉽게 깨지지 않는다. 인간이 만든 최고 강도의 세라믹보다 두 배나 더 강하다고 한다. 이 전복 껍데기 원리를 이용해 전복과 비슷한 정도의 두께를 겹쳐 쌓은 '나노 적층재료'에 대한 연구가 진행되고 있어 앞으로 우주선이나 의치, 에너지 절약 소재 등 다양한 분야에 활용될 것으로 기대를 모으고 있다.

⑤ 프릭션 볼

색이 지워지는 볼펜인 파이롯트 프릭션 볼은 1년 간 3억 자루나 판매됐다고 하니 한 자루에 2.3달러로 계산하면 매출액은 무려 6억 9,200만 달러에 달한다. 이 초대박 상품에 처음 착상한 계기도 자연 관찰에 있다. 어떤 연구자가 하룻밤 사이에 초록색에서 붉은색으로 변하는 낙엽을 보고 '온도차'가 초래하는 작용에 착안해서 고안했다고 한다. 이 펜의 잉크에는 발색제, 현색제, 변색온도 조정제의 세 가지 성분이 포함돼 있어 65도까지는 발색제와 현색제가 결합해 잉크가 발색되고, 65도가 넘으면 현색제가 발색제와 분리돼 변색온도 조정제와 결합, 그 결과 색이 투명해지는 원리다.

자연의 신비는 여전히 미스터리다. 당연하게 일어나는 현상에 의문을 느끼고 무언가에 응용할 수 없을까 하는 관점으로 자연을 관찰하면 끝없이 새로운 발견을 할 수 있을 것이다. 레오나르도가 남긴 다음의 말은 현대의 발명가를 향해 여전히 살아 있다.

> 자연은 아직 인간이 시도한 적 없는 무수한 원리로 가득 차 있다.
>
> 〈파리 매뉴스크립트 I〉

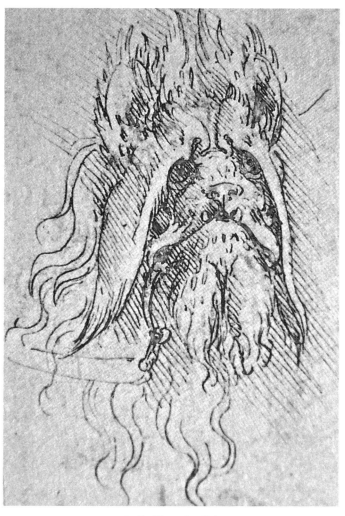

기묘한 괴물, 〈코덱스 윈저〉

The Da Vinci Note

Chapter 5

인간관계의 힘

고독과 인간관계를 삶의 무기로 만드는 방법

고독은 가능성을
만드는 기회다

재능을 키우려면 당신은 고독하게 있는 것이 좋다. 특히 생각에 집중하고 있을 때는 더욱더 그러하다. 고찰한 것을 항상 이미지로 떠올려봐야 똑똑히 기억할 수 있다. 만약 당신이 혼자라면 당신의 모든 것이 당신의 소유다. 그런데 단 한 명이라도 누군가와 함께 있다면, 당신은 절반이 된다. 교제가 늘어날 뿐 당신은 아무것도 할 수 없게 된다. 다시 말해, 만약 당신이 많은 사람과 함께 있으면 있을수록 부자유스러운 인생을 살아가게 된다.

〈파리 매뉴스크립트 A〉

전 세계적으로 고독사는 심각한 사회문제로 인식되고 있다. 영국에서는 고독문제 전담 장관이 새로 생겼을 정도다. 대부분 '고독'이라는 말을 들으면 외로움이나 외톨이를 포함하는 부정적인 감정을 느끼게 된다. 하지만 레오나르도 다빈치는 오히려 '고독하다는 것은 구원받는다는 뜻'이라고 긍정적인 의미로 인식했다. 항상 하고 싶은 일이 너무 많았던 그에게 쓸데없는 시간 낭비는 큰 적이나 다름없었다. 사람들과 함께 있느라 자신의 시간을 빼앗겨 귀중한 재능을 키우지 못하는 상황을 싫어했다.

말기암 환자를 돌보는 간호사가 죽음을 앞둔 환자들이 남긴 말을 모아 펴낸《내가 원하는 삶을 살았더라면》이라는 책이 있다. 책 내용 중 "다른 사람이 아닌, 내가 원하는 삶을 살았더라면" "내가 그렇게 열심히 일하지 않았더라면" "나 자신에게 더 많은 행복을 허락했더라면" 하는 후회가 담겨 있다. 모두 자신의 욕구를 억제하고 다른 사람에게 지나치게 맞춰 살았던 결과가 후회의 말로 표현돼 있다.

마지막 순간에 후회하지 않기 위해서도, 그리고 자신이 행복하기 위해서도 '이 사람과의 교제가 정말로 필요한지' 다시 한 번 멈춰 서서 생각해보자. 우리는 타인에게 맞춰 타인의 인생을 살아가서는 안 된다.

레오나르도는 자기 위주로 시간을 최대한 유용하게 활용했다. 외톨이라는 생각이 들 때는 외로움을 느끼는 위기가 아니라 누구에게도 방해받지 않는 보너스 시간이라고 생각하자. 자신의 모든 것이 온전히 자신의 소유이며 존재를 한껏 꽃피울 수 있는 기회인 것이다.

좋은 사람을 곁에 둬라

당신이 친밀한 관계를 원할 때는 그 사람의 학습 태도를 보고 선택
하면 된다. 당신에게 여러 가지를 생각하게 하는 관계는 실리가 많
다. 그 밖의 인간관계는 모두 유해하다.

〈코덱스 애시번햄〉

레오나르도 다빈치는 고독을 좋아하는 고고한 천재로 보이지
만, 한편으로는 사교적인 일면도 있었다. 그렇다고 아무하고
나 교류하지는 않았으며 사람을 가려서 가까이 지냈다. 레오
나르도가 사람을 선택하는 기준은 그 사람의 학습 태도였다.

중국 진나라 때의 학자 부현(傅玄)이 편찬한 잠언집《태자소
부잠太子少傅箴》에 '근주자적 근묵자흑近朱者赤 近墨者黑'이라는 고
사성어가 있다. 붉은 것을 가까이 하면 붉어지고 검은 것을
가까이 하면 검어진다는 뜻이다. 붉은색과 검은색은 매우 강
렬해서 당신이 만약 옅은 색이라면 쉽게 물들고 만다. 마찬가

다섯 명의 남자, 〈코덱스 윈저〉

지로, 좋은 사람을 곁에 두면 당신도 좋은 사람이 되고 반대
로 나쁜 사람을 가까이 하면 나쁜 사람이 된다는 가르침을 주
고 있다.

오크 관을 쓴 남자가 다른 네 명의 남자에게 둘러싸여 있는 레오나르도의 소묘가 있다. 오크는 강건과 강인함의 상징이다. 주위에는 멸시하고 욕을 퍼부으며 악의 길로 꾀는 무리가 있다. 이 스케치의 뒤쪽에는 다음과 같이 기록돼 있다.

> "만약 어떤 남자가 좋은 성격을 갖고 있다고 해도 다른 사람들이 그를 부당하게 취급한다면, 또는 그가 이들과 어울린다면 그 자신도 잘못되고 만다."

아무리 의지가 강한 사람이라도 주위에 휩쓸리기 쉬운 법이다. 반대로, 가령 자신의 의지가 약해도 지탱해주는 사람이 있으면 훨씬 더 좋은 모습으로 향상될 수 있다. 당신을 신뢰하고 응원하며 바람직한 방향으로 이끌어주는 사람들이 곁에 있으면 목표 달성도 가까워질 것이다.

타인을 바꿀 수는 없다

1508년 10월 ○일, 나는 은화 30스쿠도(16~19세기 이탈리아에서 사용된 은화 단위-옮긴이)를 받았다. 살라이가 누이의 지참금이 필요하다고 해서 그에게 13스쿠도를 빌려주고 나니 17스쿠도가 남았다. 이제 두 번 다시 빌려줘서는 안 된다. 빌려주면 돌려받지 못할 것이다. 돌려받는다 해도 빨리 받지는 못할 것이다. 빨리 받는다고 해도 전액이 아닐 것이다. 전액이라고 해도 당신은 친구를 잃을 것이다.

〈파리 매뉴스크립트 F〉

"살라이, 나는 편해지고 싶어. 그러니 이제 그만 다투자. 더 이상 언쟁은 없네. 내가 항복할 테니까."

항복하겠다는 비명이 〈코덱스 아틀란티쿠스〉에서 새어나왔다. 레오나르도의 고백에서 알 수 있듯이 상당히 애를 먹이는 제자가 있었다. 10세에 그의 제자가 된 잔 자코모 카프로티다. 그는 저녁을 2인분이나 먹는 대식가로, 스승의 지갑에서 돈을 훔치기도 하고 친구의 은첨필(Silver point, 뾰족한 끝에 은이 붙어 있는 금속 소묘 용구-옮긴이)을 두 번이나 훔쳤으며 스승이 선물로 받은 터키산 가죽을 구두 장인에게 팔아 과자를 샀던 문제다. 레오나르도는 '도둑, 거짓말쟁이, 고집쟁이, 대식가'라고 그의 4가지 특징을 노트에 적어넣었을 정도다. 자코모는 20년 이상 그와 함께 살았는데 그 못된 버릇은 평생 고치지 못한 모양이다. 레오나르도는 언젠가부터 이 제자를 본명이 아니라 '작은 악마'를 의미하는 살라이Salai라는 별명으로 부르기 시작했다.

안타깝지만 우리는 타인을 바꿀 수 없다. 바꿀 수 있는 것은 '지금의 자신', 그리고 '미래의 자신' 뿐이다. 액션 어드벤처 영화를 보면 잇달아 여러 등장인물이 나타난다. 우선 주인공이 있고 뜻을 함께하는 동지가 생긴다. 그리고 자잘한 무리의 적이나 강적, 숙명의 우두머리 적을 타도한다. 용감한 주인공만 존재하는 영화는 아무 재미도 없고 흥미롭지 않다. 레오나르도는 이 제자를, 인생이라는 무대를 다채롭게 하는 작은 악마로 결론짓고 그 개성을 존중하려고 애쓴 것이 아닐까.

겸허함으로 성공을 경계하라

자신의 아름다움에 자만한 삼나무는 주위의 초목을 무자비하게 대하며 앞에서부터 다 쳐버렸다. 원하던 대로 주변에 가로거치는 것은 이제 아무것도 없다. 하지만 강풍이 불자 삼나무는 뿌리째 뽑혀 쓰러지고 말았다.

〈코덱스 아틀란티쿠스〉

삼나무 이야기는 자만심이 불씨가 돼 실패한 사람을 비유하고 있다. 조금만 성공하면 우쭐해하는 사람이 있는데 자존감이 높은 레오나르도 다빈치는 거만하게 행동하지 않았다.

40대에 그린 걸작 〈최후의 만찬〉은 그의 화가로서의 위치를 굳건히 다졌다. 그림을 무척 마음에 들어한 프랑스 국왕 루이 12세는 벽을 통째로 도려내어 프랑스로 가져가려고 했을 정도다. 그는 이렇게 유럽에 명성을 크게 떨쳤지만 그 후로도 겸허하게 배우는 자세를 잃지 않았다. 이는 나이 50이

된 그가 20대에 파도바대학교의 교수가 된 젊은 해부학자 마르칸토니오 델라 토레의 제자가 된 사실만 봐도 알 수 있다. 레오나르도는 자신보다 서른 살이나 어려도 실력이 뛰어난 사람이라면 스승으로 삼았던 것이다.

'교만한 사람은 손해를 보고 겸허한 사람은 이득을 본다'는 말이 있다. 명성을 얻으면 자칫 거만해지기 쉽지만 자만하지 않고 겸허한 자세를 일관하는 사람만이 행복해질 수 있다는 의미다.

교만은 결국 최악의 결과를 초래하며 애써 쌓아올린 지위도 자만심으로 인해 한순간에 물거품이 되고 만다. 실제로 원하는 인생을 이뤄가며 만족스럽게 살고 있는 사람들 가운데는 겸허한 사람이 많다. 성공해도 자신을 경계하는 겸허한 자세를 잃지 않는 사람만이 행복도 손에 넣을 수 있다.

상대의 충고는
나를 성장시킨다

타인의 의견에는 강한 인내심으로 성심성의껏 귀를 기울여야 한다. 그리고 그 비판자에게 당신을 비판하는 근거가 있는지 아닌지 곰곰이 생각하고 충분히 반성하라. 만약 그 비판이 옳다고 생각한다면 자신의 잘못을 고쳐라. 맞지 않는다고 판단되면 이해하지 못한 척하든지 그 사람에게 차근차근 논리적으로 설명하자.

<코덱스 애시번햄>

우리는 살아가는 동안 때로 엄격한 스승이나 상사를 만날 수도 있고, 어쩌면 학교에 부당하고 이기적인 요구를 하는 학부모나 상품과 서비스에 불만을 제기하는 고객을 만나게 될지도 모른다. 개중에는 자신의 기분을 풀기 위해 분노를 터뜨릴 뿐인 사람도 있다. 반면에 냉철한 조언이나 지적을 하는 주위 사람들 중에는 진심으로 그 사람의 발전을 원해 진정 배려하는 마음을 담아 꾸짖는 경우도 있다.

'미워서 탁탁 치는 것이 아니다. 조릿대 위의 눈'이라는 말이 있다. 눈이 무겁게 쌓여 내려앉은 조릿대를 가련히 여겨 그 잎을 탁탁 내려치면 눈이 후드둑 떨어져 조릿대는 자신의 힘으로 몸을 일으킨다. 그 순간에는 조릿대가 고통을 느낄 것 같지만 결과적으로는 비약적인 성장을 이룬다는 의미다.

선의에서 나온 충고는 어디까지나 잘되기를 바라는 마음으로 보내는 메시지이지 인격을 전부 부정하는 것이 아니다. 가령 결점에 대해 지적 받더라도 자신이 인정하고 납득한다면 조언 받은 대로 고쳐 나가자. 충고를 받는 것은 자신이 성장할 수 있는 기회다. 물론 머리로는 알고 있어도 비판을 받으면 기분이 썩 좋지는 않은 게 사실이므로 말처럼 쉬운 일은 아니다. 그럴 때는 레오나르도 다빈치도 타인의 비판을 자기 발전의 토대로 삼아 성공했다는 사실을 떠올려보자.

다양한 분야의
사람들과 교류하라

나와 가장 친한 친구인 건축기술 총감독 레오나르도 다빈치를 위해서 모든 지역의 자유 통행과 그에 대한 호의적인 접대를 명하노라. 내가 공화국 내 모든 성채의 시찰 임무를 부여한 그에게는 임무를 수행하는 데 필요한 모든 조력이 충분히 뒷받침돼야 한다. 더욱이 영내의 모든 기술자는 레오나르도 총감독과 협력하여 그의 지시에 따르도록 하라. 나의 격한 분노를 사고 싶지 않은 사람은 이 명령을 어기지 말지어다.

체사레 보르자가 발행한 '통행허가증'

군주 체사레 보르자는 사상 최악인 교황의 아들이며 냉혹하고 잔인한 권력자로 알려져 있다. 레오나르도 다빈치는 그런 보르자에게 접근해 재능을 인정받고 영내를 자유롭게 통행할 수 있는 허가증을 손에 넣었다. 통행 허가뿐만 아니라 아낌없는 자금을 후원 받아 건축에 관해 원하는 것은 무엇이든 할 수 있는 꿈같은 환경을 갖추게 됐다.

인맥에는 '횡적 인맥'과 '종적 인맥' 두 종류가 있다. 횡적 인맥은 자신과 같은 수준인 사람들과 맺은 관계를 의미한다. 편하게 이야기할 수 있는 친구나 동료가 있으면 안심이 되기는 하지만, 수준이 같은 부류하고만 교류하다 보면 언제까지나 같은 세계에서 살아가게 된다. 만약 당신이 비약적으로 발전하고 다음 단계로 나아가고 싶다면 종적 인맥을 구축해야 한다. 자신보다 앞서가는 사람이나 자신이 목표하는 분야에서 이미 성공한 사람이라든지 다른 업종에서 활약하고 있는 사람들과의 유대를 강화하는 일이다. 그렇다면 그들과 어떻게 연결될 수 있을까. 답은 당신의 강점을 갈고닦아 능숙하게 마음을 사로잡는 일이다.

레오나르도의 강점은 발상과 데생 능력이었다. 걸어 다니면서 거리를 계측해 아름답고 정확한 지도를 그렸으며, 그 지도를 본 보르자는 너무나도 훌륭한 솜씨에 감동했다. 전쟁으로 혼란한 세상에서 지도의 존재는 전략을 세우는 데 엄청난 도움이 되기 마련이다. 레오나르도는 '이런 일은 이 사람밖에 할 수 없다'라는 보르자의 인정을 받았고, 냉혹한 권력자조차도 자신을 지원하도록 만들어 종적 인맥을 구축하는 데 성공한 것이다.

자신에게 없는 것을 가진 사람에게 배워라

나는 청각장애인을 화가의 교사로 삼고 있다. '그 사람에게 되지도 않는 예술을 배우려 들다니!' 하고 나를 비웃지 않기를 바란다. 그 사람은 다른 모든 사람이 말로 가르쳐주는 것보다도 능숙하게 몸짓으로 가르쳐주기 때문이다. 이러한 나의 충고를 경멸하지 마라. 그들은 몸짓의 달인이다. 사람이 말과 손동작을 연동시키고 있을 때 그 사람이 무엇을 말하고 있는지를 멀리서도 이해할 수 있을 정도다.

〈코덱스 우르비나스〉

레오나르도 다빈치는 평등한 관계를 존중하며 사람들과의 관계를 유지했다. 신분의 상하를 막론하고 자신에게 없는 능력을 가진 사람을 존경했으며, 그 탁월한 점을 자신의 분야에 활용할 수 있는지를 검토했다.

레오나르도의 그림을 보면 몸짓과 손짓의 표현이 실로 풍부하다는 사실을 알 수 있다. 그 대표적인 작품이 세계적인 명화 〈최후의 만찬〉으로, 과장스러운 표정과 몸짓은 청각장애인에게서 실마리를 얻었다. 그림 속의 인물은 우리에게 말을 할 수 없다. 말로 전하지 못하는 사람과 동일시해서 몸짓으로 전하려 한 것이다.

레오나르도와 같이 신분이나 사회적 위치를 초월해 평등한 시선으로 바라보면 얼마든지 배울 점을 찾을 수 있다. 아무도 스승으로 삼으려 하지 않는 사람을 스승으로 삼는다면 차별화된 독특한 매력을 더할 수 있을 것이다.

예술가인 오카모토 타로는 조몬繩文토기(일본 신석기시대에 사용된 갈색토기-옮긴이)를 보고 "심신이 뒤집히는 듯한 발견이었다"고 소견을 밝히고, 그때 받은 강렬한 영감을 자신의 예술로 승화해나갔다. 과학이 발달하지 못한 시대였다고 해서 모든 것이 뒤떨어지지는 않는다. 신석기 시대 사람들은 현대인에게는 없는 창조력을 발휘해 살았던 것이다. 생각지도 못한 곳에 롤모델이 될 만한 존재가 있다는 사실을 잊지 말자.

공감의 말로
관계의 깊이를 더한다

타인의 이야기를 듣는 방법 외에 그 사람이 무엇을 좋아하는지를 알고 싶다면 여러 가지 화제를 바꿔 이야기 해보라. 그 사람이 하품을 하거나 싫은 내색을 하지 않고 가만히 귀를 기울이고 있다면 그것은 틀림없이 상대가 좋아하는 화제다.

〈파리 매뉴스크립트 G〉

인간관계가 깊어지느냐 여부가 결정되는 가장 큰 핵심 요건은 공감이다. 인생은 공감을 추구해 길을 떠나는 끊임없는 여정이나 다름없다. SNS를 하는 사람이 자신이 올린 글에 '좋아요'가 얼마나 붙는지, 팔로워가 몇 명이나 늘어나는지를 신경 쓰는 것도 자신에게 공감해주는 사람을 원하기 때문이다. 사람은 자신을 이해해주는 사람을 좋아하기 마련이다. 반대로 자신을 이해해주지 않거나 관심을 보이지 않는 사람은 멀리하게 된다. 관계를 깊게 만들고 싶다면 상대와 자신의 공통점을 찾든지 상대가 좋아하는 일에 관심을 가져야 한다.

대화를 매끄럽게 이어가려면 상대의 말에 다음과 같이 호응하는 것이 효과적이다.

"역시!" "몰랐어요." "대단하세요." "센스가 좋으시군요." "그래요?"

이 5가지 표현은 남의 이야기를 경청하는 사람이 자주 사용하는 말이다. 이와 별개로 필자가 지금까지 실제로 들었던 말 중에 무척 기분 좋았던 표현으로 다음의 5가지가 있다.

"재능이 있으시군요." "행복한 일이네요." "멋져요!" "맞는 말이에요." "그건 당신밖에 할 수 없어요."

이는 모두 상대의 자존감을 높여주는 공감 표현이다. 특히 마지막에 꼽은 "그건 너밖에 할 수 없어"라는 말은 트럼프 카드에서 조커와도 같다. 핵심은, 상대와 이야기를 나누다가 정말로 그렇게 느꼈을 때 "바로 이때다!" 싶은 순간에 사용해야 한다는 점이다. 자신이 상대를 진심으로 인정하고 있다는 뜻을 '벽을 없애는 배려의 말'로 표현하면 분명 깊은 인간관계를 맺을 수 있다.

예측 불가의 행동으로
마음을 사로잡아라

화가는 사람들을 매혹시켜 큰 감동과 기쁨을 주는 작품을 만들기
위해 노력해야 한다.

〈코덱스 우르비나스〉

인간관계를 깊게 하는 핵심 요인으로 공감 외에 또 하나가 있다. '경탄驚嘆 커뮤니케이션'이다. 공감 커뮤니케이션과 경탄 커뮤니케이션의 양날을 잘 활용하면 자신도 모르는 사이에 당신은 주변 사람들과 멋진 인간관계를 구축하게 될 것이다. 공감은 소위 수비의 역할을 담당하는 반면, 경탄은 공격의 역할을 수행한다.

레오나르도 다빈치는 사람들이 놀라고 감탄할 만한 연출을 수없이 벌인 사람이다. 어릴 때는 자신이 만든 드래곤 방패를 아버지에게 보여 놀라게 했는데 이후 아들의 예술 재능을 꿰뚫어본 아버지는 아들이 재능을 살려 그 길로 나아가도록 지원해줬다. 레오나르도는 늘 경탄을 불러일으킬 만한 일을 고안하고 실행해 새로운 가능성의 문을 열었다.

그가 세상을 떠나기 4년 전, 새로 프랑스 왕에 오른 프랑수아 1세Francis I를 축하하는 연회가 개최됐다. 이 자리에서 그는 자신이 발명한 사자 로봇을 선보인다. 기계로 설계된 사자는 걸어가는가 싶다가 그 자리에 서기도 하며 기량을 선보였고, 마침내 가슴 부분이 열리자 이번에는 백합꽃이 튀어나왔다. 사자는 피렌체의 상징이며 백합은 프랑스 왕가의 문장紋章을 장식하는 꽃이다. 그는 이런 상징물들을 활용해 국왕에게 멋지게 호의를 표현했던 것이다. 이 연출에 무척 감동한 프랑수아 1세는 다음해 이탈리아에 있는 레오나르도를 프랑스로 초대해 호화로운 저택과 큰 포상금을 하사하고 후원자가 됐다. 놀라움과 감동을 주는 일은 인간관계를 극적으로 깊게 맺는 계기가 된다.

10

자유인에게
삶의 방식을 배워라

카멜레온, 이 생명체는 항상 주변의 색으로 자신을 바꾼다. 그러다가 종종 코끼리에게 나뭇잎과 함께 잡아먹히고 만다.

〈파리 매뉴스크립트 H〉

카멜레온, 이 생명체는 공기를 먹고 살아가며 공중에서는 온갖 새에게 공격을 받는다. 그래서 안전지대를 찾아 구름 위까지 날아올라, 자신을 쫓아오는 새가 견디지 못할 정도의 희박한 공기층에 도달한다. 이렇게 높은 곳에서는 천부의 능력이 있는 자밖에 살아갈 수 없으므로 카멜레온은 그곳으로 날아오르는 것이다.

〈파리 매뉴스크립트 H〉

보편적인 카멜레온과 상식을 깨는 카멜리온, 레오나르도 다 빈치는 신기하게도 두 가지 정반대의 카멜리온에 관해 언급했다. 카멜레온은 몸체의 색을 바꿔 주변의 색에 맞춘다. 이는 분명 부모나 스승, 친구, 지인 등 타인에게 맞춰 삶을 살아가는 사람을 상징하고 있다. 반면에 있을 수 없는 '하늘을 나는 카멜레온'을 상상하고 타인이 따라올 수 없는 경지를 목표로 하는 삶도 있다고 피력하고 있는 것이다. 그가 후자의 인생을 살 수 있었던 것은 '자유인'과의 만남이었다. 다빈치가는 대대로 이어져 내려온 공증인(계약 등의 공적 문서 작성을 대행하는 일) 집안이다. 하지만 어린 레오나르도를 돌봐주던 할아버지와 숙부(한량으로 알려진 프란체스코를 가리킴-옮긴이)는 토지의 권리 수입을 얻어 살아가며 따로 일은 하지 않는 자유인이었다. 공증인으로서 엘리트의 길만을 걸어온 아버지와 달리 자연 속에서 느긋하게 살아가는 그들은 규칙을 지키며 살아가는 일만이 행복은 아니라는 진리를 레오나르도에게 깨우쳐 줬다.

세상에는 특이한 직종에서 일하는 사람이 많다. 대중목욕탕의 벽에 오로지 산을 그리는 일을 생업으로 하는 '목욕탕 화가'도 있고 레고 블록 작품을 투자 목적으로 사들여 가치가 올라가면 되파는 '레고 투자가'도 있다. 전혀 모르는 세계에서 자유롭게 살아가는 사람들을 만남으로써 자극을 받고 블루오션에서 승부를 겨루는 방법도 알 수 있을지 모른다.

'혼자'가 아닌
'함께'할 때 단단해진다

펜과 펜나이프(소형 주머니칼. 옛날에는 거위 깃으로 만든 펜을 깎는 데 쓰였다-옮긴이)는 상호 보완적인 유익한 관계다. 한쪽이 없는 다른 한쪽은 거의 존재감을 잃게 된다.

〈파리 매뉴스크립트 L〉

르네상스의 위대한 예술가를 두 사람 꼽으라고 하면 일반적으로 레오나르도 다빈치와 미켈란젤로의 이름이 거론된다. 실제로 이 두 사람은 견원지간이었으며 일하는 방식도 정반대였다. 바티칸 시스티나 성당에는 미켈란젤로가 그린 유명한 작품 〈최후의 심판〉이 있다. 이 성당의 광대한 천장화도 미켈란젤로가 그렸는데, 원래는 피렌체에서 부른 5명의 동료들과 공동 작업을 할 예정이었다. 하지만 동료들의 그림 실력이 낮다고 판단한 미켈란젤로가 그들을 돌려보냈다. 그리고 선 채로 줄곧 위를 올려다보더니 4년 동안 엄청난 작업을 통해 혼자 작품을 완성시켰다. 한편 레오나르도는 공동 작업자와 함께 일을 하고 역할 분담을 정해서 제자에게도 그림을 그리게 했다. 제자에게 밑그림을 그리게 하고 자신이 색을 칠하거나 제자에게 일부를 맡기고 중요한 부분은 자신이 그리는 식으로 분업해서 작업했다고 한다.

〈다빈치 노트〉도 사실은 혼자서 완성시킨 기록은 아니다. 때때로 제자가 스케치한 그림도 등장한다. 무엇보다도 흥미로운 것은 '대체 모사'다. 레오나르도는 자신이 그린 스케치 원본을 남기지 않았을 땐 제자에게 모사를 그리게 해 보존한 것이다. 칼이 없으면 연필은 쓰는 능력을 상실하고, 연필이 없으면 칼은 존재감을 잃는다. 다른 사람의 힘을 필요로 하고 또내가 힘이 돼주는 분업은 일과 삶의 질을 높이는 비결이다.

〈비트루비우스적 인간〉에 숨겨진 비밀

레오나르도 다빈치의 가장 유명한 데생이 무엇인지 생각할 때 가장 먼저 떠오르는 작품이 〈비트루비우스적 인간〉이다.

유로화 동전은 한 면이 공통된 디자인으로 돼 있고 다른 한 면은 각 국가의 독자적인 디자인으로 돼 있다는 사실을 아는가. 지폐는 앞면과 뒷면이 모두 공통이지만 동전은 한쪽 면에 각 국가를 상징하는 문양이 그려져 있다. 아일랜드에서는 2유로에서 10센트까지 국가의 문양인 하프가 그려져 있다. 이탈리아의 동전은 모두 디자인이 다르며 1유로에는 〈비트루비우스적 인간〉이 채택됐다. 유로에는 제각각 다른 모양을 통일하려는 목적이 있었지만 국가의 위엄성을 유지하기 위한 연구가 이뤄졌던 것이다. 유럽에 가게 되면 동전 디자인의 차이를 꼭 비교해보길 바란다. 또한 〈비트루비우스적 인간〉은 의학의 심벌마크로도 사용된다. 일본에서는 1879년에 전국적으로 통일된 의술개업시험(1875년부터 1916년까지 시행된 의사의 개업시험-옮긴이)이 시행됐는데, 100년 후 의료문화 100주년을 기념해서 학회가 열렸을 때 〈비트루비우스적 인간〉이 도안으로 채택됐다.

국경을 넘어 영향력을 지닌 데생이지만, 그 의미는 잘 알려져 있지 않다.

이 그림을 설명하는 데는 세 가지 핵심 사항이 있다.

첫째, 예상과 달리 레오나르도의 발안이 아니라는 사실이다. 매우 창조적이고 인상 강한 구도이지만 원래는 로마 제국 시대의 건축가 비트루비우스Vitruvius의 발안을 레오나르도가 구체적으로 가시화한 것이다. 비트루비우스는 다음과 같이 제창했다.

"신전의 설계는 대칭을 기본으로 하기 때문에 균형이 잡힌 인간처럼 정확한 비례관계를 유지해야 한다."

그리고 그가 집필한《건축 10서》에서 인체의 비율에 관해 서술했다. 이를테면 턱에서 머리카락이 난 부분까지의 길이는 신장의 10분의 1, 가슴 중심에서 정수리까지의 길이는 신장의 4분의 1, 눈썹에서 머리카락이 난 부분까지의 길이는 얼

일본의 의료문화 100주년 기념 봉투

굴의 3분의 1, 이런 식으로 명시돼 있다. 그는 계속해서 이렇게 말을 이어나간다.

"배꼽은 인체의 중앙에 위치해 있다. 인간이 위를 보고 누워서 팔다리를 뻗으면 배꼽을 중심으로 손가락 끝과 발가락 끝을 지나는 원을 그릴 수 있다. 원뿐만이 아니다. 인체는 정사각형의 틀 안에도 딱 들어맞는다."

레오나르도는 이에 촉발돼 시각화에 도전했던 것이다.

둘째, 비트루비우스의 원안을 기초로 하면서도 그가 거기에 수정을 가했다는 사실이다. '경험의 제자' 레오나르도는 실제로 신체의 비율을 다시 측정했다. 그리고 비트루비우스가 발의 길이는 신장의 6분의 1이라고 기술한 것을 신장의 7분의 1이라고 수정했다. 이 해설을 들어보자.

"신장이 14분의 1만큼 작아지도록 양다리를 벌리고 가운데 손가락 끝을 정수리와 맞닿는 선까지 오게 양팔을 올리면, 뻗은 팔다리의 중심은 배꼽이 되고 다리 사이의 공간은 정삼각형을 만든다."

사실 레오나르도 외에도 비트루비우스가 그린 인체도를 시각화하려고 한 사람이 또 있었다. 프란체스코 디 조르조 마르티니라는 인물이다. 비트루비우스처럼 《건축론》도 쓰고 세계에서 최초로 이 인체도를 시각화해서 소개했다. 인체도의 발안도, 그리고 최초로 인체도를 시각화한 것도 레오나르도가 아니었다.

레오나르도는 마르티니를 만나러 가서 비트루비우스의 인체도에 감명을 받았다. 하지만 아쉽게도 마르티니가 그린 인체도는 배꼽이 원의 중심에 오지 않았으며 엉성하고 허술했

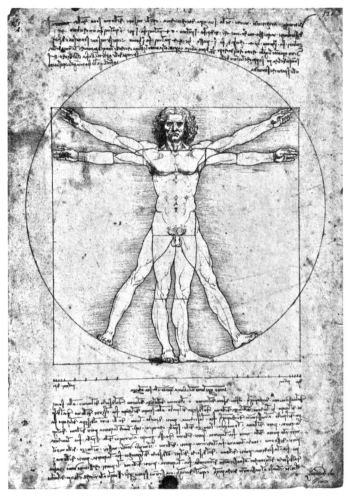

〈비트루비우스적 인간〉, 아카데미아 미술관 소장

다. 그는 두 팔과 다리를 벌려 원의 중심에 배꼽이 오도록 하고, 더욱이 성기를 정사각형의 중심에 둠으로써 원과 정사각형의 균형을 완벽하게 조정했다. 원과 정사각형의 중심을 두 개로 나누고 두 명의 인물을 겹친 것은 그때까지 아무도 시도하지 않았던, 그만의 새로운 방법이었다.

그뿐이 아니었다. 직립해 있는 인체의 왼발을 자세히 살펴보자. 상당히 부자연스러운 각도로 벌리고 있다는 것을 알 수 있다. 물론 이것은 묘사하는 데 실수가 있었던 것이 아니라 의도적으로 그렇게 그린 것이다. 마르티니의《건축서》에서는 발의 측면도가 계측의 기본 단위로서 그려져 있는데, 그 발의 측면도를 인체도에 합체한 그림이 레오나르도의 〈비트루비우스적 인간〉이다. 당시의 비례 연구에서는 별개로 발의 측면도를 곁들임으로써 시각적인 단서를 줬지만 그는 그것조차도 융합해서 하나로 만들었던 것이다. 그의 〈비트루비우스적 인간〉은 완전히 독창적인 작품은 아니지만 과학적이고 예술적인 수준까지 승화시킨 세련미의 극치였다고 할 수 있다.

마지막으로 〈비트루비우스적 인간〉은 단순한 인체의 황금비율을 표시한 것이 아니라는 사실이다. 고대 철학자들은 원

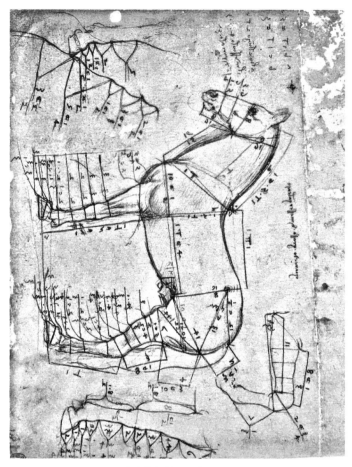

말 전체의 비율, 〈코덱스 윈저〉

과 정사각형에 특별한 의미를 부여해왔다. 즉, 원은 '하늘'을, 그리고 정사각형은 '땅'을 의미하며 원과 정사각형이 합쳐지면 우리의 세계를 감싸 안은 '우주'가 된다. 그 우주의 중심에 인간이 있다. 르네상스는 신 중심의 시대에서 인간 중심의 시대로 옮겨가는 전환기라고 불리는데, 〈비트루비우스적 인간〉은 인간이 세상의 중심이라는 이치를 상징하는 '혁명적 아이콘'이 틀림없다.

레오나르도도 화가의 입장에서 이렇게 말했다.

> 화가가 지닌 신과 같은 자질 덕분에 화가의 정신은 신의 정신과 많이 닮았다. 화가는 다종다양한 동물, 수목, 과실, 풍경, 평야, 산사태, 그리고 보는 사람이 공포를 느끼고 두려움에 떠는 장소를 자유자재로 창조할 수 있기 때문이다.
>
> 〈코덱스 우르비나스〉

〈비트루비우스적 인간〉이 어딘지 모르게 레오나르도의 자화상처럼 보이는 것은, 그가 세상을 창조하는 것은 다름 아닌 자신이라고 선언하려 했기 때문일지도 모른다. 〈코덱스 우르

초역 다빈치 노트

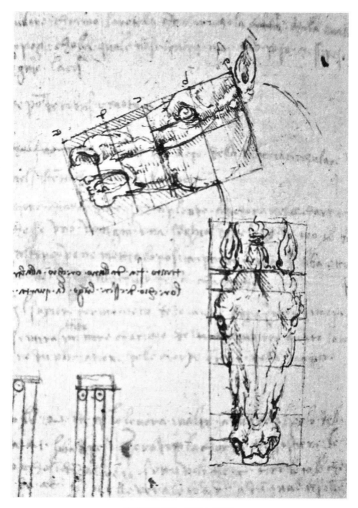

말 머리의 비율, 〈코덱스 윈저〉

비나스〉는 최대한의 지식과 기술을 결집시켜 〈비트루비우스적 인간〉을 완성시켰다.

시대와 국경을 초월하는 작품에는 남모르는 고생과 역경이 감춰져 있기 마련이다. 평소에 비율의 정확성을 중시했던 사고의 축적이 명작으로 결실을 맺은 것이다.

Chapter 6

실천하는 힘

천재가 실천한 최강의 인풋과 아웃풋 기술

1

인풋 기술 | 메모한다

머리보다 손을 먼저 움직여라

원근법을 확실히 배워서 사물의 세부사항과 형태를 기억했다면 기분을 전환하기 위한 산책에 훌쩍 나서보자. 그리고 사람들이 대화를 나누고 웃는 모습, 또는 옥신각신하거나 맞붙어 싸우는 모습과 몸짓을 주의 기울여 살펴보라. 그 사람들의 동작은 물론, 주위에 있는 사람들 즉, 중재에 나서거나 방관하는 사람들이 어떻게 행동하는지 유심히 관찰해야 한다. 작은 수첩을 항상 갖고 다니면서 그러한 일들을 간략하게 묘사하라.

〈코덱스 애시번햄〉

'메모광'. 레오나르도 다빈치의 일상적인 모습을 한마디로 표현한 말이다. 실제로 그는 다양한 크기의 노트에 메모를 했으며 손바닥 크기만 한 휴대용 노트도 갖고 다녔다. 인물의 모습이나 동작을 기록하고 번뜩 떠오른 발상을 꼼꼼히 적어뒀다.

앞의 수첩에 관한 인용은 다음과 같이 이어진다.

"수첩은 착색된 종이로 된 것이 좋다. 그 위에 써야 마찰로 지워지지 않는다. 또한 글씨로 가득차면 새로운 종이로 교체할 수 있는 것이 좋다. 스케치는 지워지지 않게 소중히 간직해야 하기 때문이다. 인물의 형태나 동작은 무한하지만 모든 것을 기억할 수 없으니 메모와 스케치를 본보기가 되는 스승으로서 소중히 보존하자."

천재라고 해도 모든 것을 기억할 수는 없다. 아니, 기록을 통해 계속 정보를 인풋했기 때문에 천재가 된 것일지도 모른다. 우리도 마음에 드는 수첩을 활용해보자. 스마트폰의 전자메모를 사용하면 펜이 없어도 보관할 수 있다.

게슈탈트 심리학의 창시자 볼프강 쾰러Wolfgang Köhler는 '3B'의 시간에 좋은 발상이 찾아온다고 말했다. 3B는 버스Bus, 침대Bed, 욕실Bath을 뜻하며 긴장을 풀고 편안히 있을 때를 의미한다. 뇌과학에서도 번뜩이는 발상은 골몰히 생각을 지속한 후에 긴장이 풀리는 순간 찾아온다고 설명한다. 아이디어가 떠오르면 그 자리에서 바로 메모하는 습관을 갖도록 해보자.

분류는 새로운 가치를 만든다

> 옆얼굴의 코에는 10가지 종류가 있다. 직선코, 직반버선코, 버선코,
> 독수리코, 물결코, 매부리코, 평면코, 낮은 코, 주먹코, 뾰족한 코.
> <코덱스 애시번햄>

사람의 코를 그린다면 어떤 코를 그릴 것인가? 높은 코, 중간
정도의 코, 낮은 코, 세 가지 정도 떠오를지도 모른다. 레오나
르도 다빈치에 의하면 옆에서 본 사람의 코 모습은 10가지라
고 한다. 그리고 정면에서 보았을 때의 분류를 다음과 같이
설명한다.

> "정면을 향한 코는 11가지 종류가 있다. 곧게 뻗은 코, 가운
> 데가 도톰한 코, 가운데가 가느다란 코, 끝이 뭉툭하고 콧
> 대가 가는 코, 끝이 가늘고 콧대가 두툼한 코, 콧구멍이 큰
> 코, 콧구멍이 작은 코, 높은 코, 낮은 코, 콧구멍이 보이는

코 모양 스케치, 〈코덱스 우르비나스〉

"코, 끝부분이 콧구멍을 감추는 코, 마찬가지로 신체의 다른 부분에 관해서도 이러한 차이가 있다. 실물을 사실대로 묘사해서 기억해두면 된다."

왜 이처럼 상세하게 분류한 것일까? 얼굴 생김새를 기술한 소책자를 갖고 다니며 묘사하려는 인물의 특징과 대조해서 작게 표시를 해두면, 기억에 의존해 그림을 그려야 하는 경우에 미리 그려 둔 유형을 합성하기만 해도 그릴 수 있기 때문이다. 유형별로 분류해서 대응 가능한 기본 틀을 여러 개 만들어두면 수월하게 대처할 수 있다.

직장생활을 하다 보면 별의별 요구 사항에 대응해야 하는 상황을 겪게 된다. 이때 획일적인 대응책으로 해결할 수 없으며 상대나 상황에 따라 설득법이나 전달 내용을 각각 달리해 대처해야 한다. 하지만 다양한 경우에 따라 분류하는 습관을 가지면 마음에 여유가 생긴다. 이렇게 대비하는 일은 그야말로 '유비무환'이라 할 수 있다.

인풋 기술 | 읽는다

명저를 읽어라

명저와 친해지자. 죽은 자들의 말에 귀를 기울이면 행복해진다.

〈파리 매뉴스크립트 I〉

앞에서 돌고래와 카멜레온 등 동물에 관련한 말을 인용했는데, 실은 이럴 때 레오나르도 다빈치가 참조한 책은 바로 우리에게도 친숙한 《이솝우화》다. 시대를 초월해 끊임없이 읽히고 있는 명저에는 보편적인 강인함이 있다. 읽어 둬서 손해날 일이 없다.

순문학 신인에게 수여하는 문학상인 아쿠타가와芥川賞상을 수상한 예능인 출신의 마타요시 나오키가 독서에 몰두하게 된 건 아쿠타가와 류노스케의 《토롯코トロッコ》를 읽은 것이 계기가 됐다고 한다. 또한 소설가 다자이 오사무太宰治를 좋아해서 지금 살아 있다면 함께 일하고 싶을 정도라고 한다. 명저는 저자의 사후에도 팬을 만들어낸다.

한 잡지가 100인의 CEO와 석학에게 '내 인생의 책'을 꼽아달라는 설문조사를 했다.

가장 많은 추천을 받은 책은 사마천의 《사기열전》이다. 이 책은 사마천이 중국 전한前漢 왕조 무제武帝 시대에 저술한 역사서 《사기》 중 일부다. 이 책을 꼽은 한 교수는 "불의와 모순이 가득한 역사의 현실에서 삶의 본질과 올바른 가치를 추구해 영원한 생명력을 발휘하고 있는 고전"이라고 평하기도 했다.

CEO 추천을 많이 받은 또 다른 고전으로는 당나라 왕조의 기틀을 마련한 태종 이세민의 정치 철학을 담은 《정관정요》다. '특히 자신이 완벽하지 않다는 것을 인정하고, 그 부족함을 토대로 다른 의견을 수용해야 한다'는 메시지는 CEO들이 항상 가슴에 새기고 있다고 할 정도로 마음을 사로잡았다.

《논어》 역시 추천을 많이 받은 고전이다. 논어의 마지막 편인 '요왈堯曰'에서 소개된 '리더가 갖춰야 할 5가지 미덕인 군자오미君子五美는 현시대를 살아가는 모든 경영자가 명심해야 할 내용들을 함축한 최고의 지침'이라는 평가를 받고 있으며 현재까지도 우리의 삶을 통찰하는 철학이 담겨 있는 고전으로 인정받고 있다.

인풋 기술 | **기억한다**

잠자기 전
골든타임을 이용하라

나 자신이 이미 증명한 일인데, 밤에 잠자리에 누웠을 때 상상력을
발휘해 예전에 학습한 지식이나 깊이 생각한 글의 내용을 되새기
는 일은 매우 유익하다. 이것이야말로 기억에 남기기 위한 실천이
며 효과적인 방법이다.

〈코덱스 애시번햄〉

레오나르도 다빈치는 잠자기 전에 생각을 되새기는 일이야말
로 가장 머릿속에 기억이 잘되는 방법이라고 강조했다. 실제
로 뇌과학자 이케가야 유지 교수도 취침 전 한두 시간은 매우
학습효과가 높은 '기억의 골든타임'이라고 연구 결과를 발표
했으며, 특히 사회나 한자, 이과 과목 등 암기가 필요한 학습
에 적합하다고 주장했다. 레오나르도가 직접 실천한 기억법
이 과학적으로도 이치에 맞았던 것이다. 게다가 그는 다른 기
억법도 가르쳐줬는데 4단계로 이뤄져 있다.

① 동일한 견본을 여러 번 따라서 그리고 머릿속에 새겨 넣는다.

② 견본을 보지 않고 그대로 재현하려고 생각하며 그린다.

③ 견본과 자신이 그린 그림을 유리판으로 겹쳐 봐서 불일치를 검증한다.

④ 불일치 부분에 주의를 기울여 그 부분만 다시 여러 번 그려서 기억한다.

이는 그림을 그릴 때의 기억법이지만 자신이 앞으로 습득하고자 하는 다른 일에도 얼마든지 응용할 수 있다. 한마디로 미흡한 부분을 찾아내 그 부분을 집중적으로 개선하는 방법이다. 〈다빈치 노트〉에는 기본적인 데생이 무수히 그려져 있다. 특히 옷의 주름이 매우 인상적인데 진짜와 똑같이 느껴지도록 여러 번 그려져 있다. 천재라고 해도 완벽히 자신의 것이 될 때까지 반복해서 연습함으로써 후세에 남을 위대한 예술 작품을 남겼던 것이다.

전문가에게
최고의 지혜를 배워라

새로운 연구를 했지만 특기 사항은 없다. 그래서 당신은 내게 무엇을 가르쳐줄 것인가.

〈코덱스 트리불지아누스〉

레오나르도 다빈치는 자신이 해야 할 일의 목록을 기록했다. 15개 항목 중 8개는 타인에게 묻고 배우는 일이었다.

- 산술算術의 달인에게 삼각형의 면적 계산법을 배운다.
- 이탈리아 블레라 지역의 수도사에게 《중량에 관해서》를 보여달라고 청한다.
- 포병 잔니노에게 페라라의 탑에 구멍을 내지 않고 벽을 세우는 방법에 관해 묻는다.
- 베네데트 포르티나리에게 플랑드르 사람들은 어떻게 얼음 위를 걷는지 물어본다.

- 수력학 전문가를 찾아 갑문, 운하, 수차를 롬바르디아 양식으로 수리하는 방법을 배운다.

천재라고 하면 혼자 무엇이든지 척척 해결할 것 같지만 절반 이상은 타인에게 의존하고 있었던 것이다. 예로부터 무슨 일이든 각 분야의 전문가에게 맡기는 것이 가장 좋다는 말이 있다. 전문가에게 직접 배우면 처음부터 혼자 학습할 때보다 빠른 속도로 익힐 수 있고 가로막는 장애물이 있어도 훨씬 수월하게 극복할 수 있다.

무술인이자 금융인, 인도에서 요가를 수행하고 일본에 처음으로 요가를 소개한 나카무라 덴푸中村天風라는 철학자가 있다. 파나소닉을 창업한 경영자 마쓰시타 고노스케나 미국 메이저 리그에서 활약하고 있는 오타니 쇼헤이 선수를 비롯해 유명인들이 '자신의 인생에 적극적으로 마주하라'는 나카무라 덴푸의 철학에 감명을 받았다고 한다.

나카무라는 30세가 됐을 때 결핵에 걸렸고 치료를 위해 미국의 컬럼비아대학교로 유학을 가서 의학을 공부했으며 유럽도 여행했다. 귀국 길에 이집트의 항구에서 카리알바라는 인도의 요가 성인을 만났다. 그를 따라 인도 히말라야 산중의 요가 성인이 사는 곳으로 가서 수행을 하게 되는데, 수행 방식은 좌선이었다. 그곳에서 그는 '이 우주는 모든 사람에게 훌륭하고 풍요로운 미래를 평등하게 보장해주고 있다. 지금은 비록 역경에 처해도, 어떤 불운을 맞고 있다 해도 당신의 미래에는 빛나는 멋진 행운이 기다리고 있다. 그것을 얻을 수 있느냐는 오로지 당신의 마음에 달려 있다'라는 깨달음을 얻었다. 이후 결핵도 극복했으며 92세까지 장수했다고 한다. 이렇게 생각지도 못한 인물이 그토록 찾고자 하던 답을 알려주는 일도 있다.

아웃풋 기술 | 행동한다

아무것도 하지 않으면
아무 일도 일어나지 않는다

행운을 만나게 되면 주저하지 말고 앞머리를 꽉 잡아라. 뒷머리에
는 머리카락이 없기 때문이다.

〈코덱스 아틀란티쿠스〉

행운은 마치 유성 같아서 빈번히 찾아오지 않는다. 오기를 바
랄 때는 오지 않고 바라지 않을 때 다가오기도 한다. 행운의
뒷머리가 벗겨져 있다는 레오나르도 다빈치의 말처럼 한 번
잘못 붙잡으면 두 번 다시 찾아오지 않는 기회도 있다. 물론
도전했으나 실패한 적도 있을 것이다. 우연히 타이밍이 나빴
던 것일 수도 있으며 설령 실력이 부족한 탓이었다고 해도 자
신의 현재 위치를 파악할 수 있는 좋은 기회. 반대로 도전
하지 않아 사실은 붙잡을 수 있었던 행운을 놓쳐버린다면 그
야말로 이루 헤아릴 수 없는 손실이다. 하지 않고 후회하기보
다는 뭐라도 해보고 후회하자. 일단 스스로 도전하는 마음자

　　　　　　　　　　　초역 다빈치 노트

세를 갖는 것이 중요하다.

  만화 〈드래곤볼〉의 작가 도리야마 아키라鳥山明는 디자이너로 근무하던 회사를 그만둔 후, 한때 니트족(NEET:Not in Education, Employment or Training, 직업도 없고 교육이나 훈련을 받는 상태도 아닌 젊은이-옮긴이)이었다고 한다. 그는 만화카페에 머물며 〈소년 매거진〉을 보고 신인 작가 모집에 응모하려고 했다. 그러나 마감일에 맞추기 어렵자 계획을 바꿔 〈소년 점프〉에 응모했다. 상금 900여 달러를 받고 싶어서 응모하기는 했지만 만화가로서 작품을 그릴 마음까지는 없었다고 한다. 결과는 낙선이었다. 하지만 자신의 작품에 대한 '아까웠다'는 총평을 읽고 분한 마음이 들어 입선할 때까지 응모를 계속했다. 그때 응모를 계속하지 않았더라면 인기작 〈드래곤볼〉의 존재도 세상의 빛을 보지 못했을 것이다. 재능을 발휘해서 각광을 받는 사람도 가만히 있다가 느닷없이 당선된 것이 아니다. 우선은 과감히 도전해볼 일이다.

아웃풋 기술 | 쓴다

두 권의 노트를
구별해 사용하라

세부적인 내용은 그것이 속하는 부분에 일치하고, 그 부분은 전체
에 일치해야 한다.

〈코덱스 애시번햄〉

1966년 마드리드의 스페인국립도서관에서 〈코덱스 마드리
드〉가 발견됐다. I과 II로 나뉘어 있는데 I은 다른 코덱스를
베껴 쓴 것으로 정교한 소묘와 문장이 실려 있는 반면에 II는
잡다한 내용이 쓰인 메모로 I과 II는 구성이 완전히 다르다.
레오나르도는 아이디어를 보존하기 위한 노트와 그 아이디어
를 발전시켜 사람들에게 공개하기 위한 노트로 용도를 나눠
사용했던 것이다.

앞서 소개한 '머리보다 손을 먼저 움직여라'와 '분류는 새로
운 가치를 만든다'는 인풋을 위한 글쓰기로, 사람들에게 전달
하는 것을 목적으로 한 아웃풋을 위한 글쓰기와는 따로 나눠

생각했다고 볼 수 있다.

기록의 보존을 중요시할 땐 우선 여백만 있으면 어떤 노트에라도 메모했기에 '왜 여기에 이런 말이 쓰여 있지?' 싶은 부분이 곳곳에 보인다. 잡다한 메모는 때때로 카오스가 돼 해부도 옆에 기하학적 도형이 들어가 있기도 하고 아무 연관성도 없는 식물이나 사람 얼굴이 문장 위에 겹쳐 쓰여 있을 때도 있다. 레오나르도는 다른 종류끼리 조합해 컬래버레이션하는 사고를 갖고 있다고 앞서 언급했듯이 어쩌면 의도적으로 관계가 없는 대상을 융합해서 적었는지도 모른다. 무질서한 보존을 거쳐 완성도 높고 정교한 결정물이 아웃풋됐던 것이다.

아웃풋 기술 | **그림으로 설명한다**

이미지는 문자를 뛰어넘는다

> 결과를 간단히 전달할 수 있는 과학만큼 유용한 것은 없으며, 반대
> 로 전달하기 어려운 것일수록 가치가 없다. 회화는 그 결과를 전 세
> 계 모든 세대에게 전달할 수 있다. 그림은 문자처럼 다양한 언어의
> 통역을 필요로 하지 않기 때문에 순식간에 인류를 만족시킨다.
>
> 〈코덱스 우르비나스〉

레오나르도 다빈치가 아웃풋 글쓰기를 할 때 가장 주력한 것
이 '시각화'다. 문자로 전달하는 것과 그림이나 도표로 전하는
것은 어느 쪽이 더 효과적일까. 레오나르도에게 묻는다면 대
답은 단연코 후자로, 문자는 그림의 발밑에도 미치지 못한다
고 단언한다.

〈다빈치 노트〉를 살펴보면 대부분 문장을 쓰기 전에 공백 부
분을 두었는데 이는 그림을 그려넣기 위해서다. 〈새의 비행에
관한 코덱스〉의 경우 좁을 때는 5분의 1, 넓을 때는 3분의 1 정

도의 여백이 마련돼 있고 그 부분에 새의 모습이 스케치돼 있다. 앞서 서술한 〈코덱스 마그리드 I〉에는 우선 소묘가 가장 중요하게 그려져 있고 그 아래에 그림을 설명하는 문장이 부연돼 있어 시각과 문장의 주종관계가 명확히 드러나 있다.

타인에게 의사를 전달할 때는 문자보다 시각을 우선하면 전달 속도는 물론 효과도 배가 된다. 최근 인스타그램을 비롯해 사진과 동영상을 이용하는 SNS가 크게 유행하고 있다. 결국 레오나르도가 시도했던 일로 되돌아온 것이다. 그는 마치 500년 후의 우리를 꿰뚫어보기라도 하듯이 실천했다고 말할 수 있다.

스티브 잡스가 가장 얇은 노트북인 맥북에어를 처음 선보일 때, 가장 효과적으로 홍보하기 위해 봉투에서 꺼내 들어 청중을 놀라게 한 일화는 유명하다. 인상에 남는 방식을 택해 시각에 호소하는 것이 철칙이다.

아웃풋 기술 | 알려준다

타인에게 전할 때
지식은 내 것이 된다

가르쳐주지 않는다면 자신의 이익을 빼앗길 것을 염려하는 사람이
며, 이익을 소중히 여긴다면 연구를 저버린 사람이다.

〈코덱스 우르비나스〉

남들보다 몇 배나 인풋에 힘쓴 레오나르도 다빈치. 하지만 한
층 두드러진 것은 아웃풋의 양이었다. 그는 명성을 떨치게 된
후에도 타인에게 배우기를 멈추지 않았으며 습득한 지식을
자신만의 공으로만 삼지 않고 타인에게 환원했다. 최고의 아
웃풋은 남을 가르치는 일이다. 가르치는 일은 타인을 위한 일
인 동시에 자신을 위한 일이기도 하다.

　미국 국립훈련연구소에서 소개한 '러닝 피라미드learning
pyramid'라는 학습정착률 통계 자료에서는 학습 효과를 7단계
로 정리한다. 가장 정착률이 낮은 배움은 '강의'(5%), 그 다음
으로 낮은 항목은 '독서'(10%)로 밝혀져, 안타깝게도 평소 우

리가 배우는 수단으로서 주로 사용하는 '듣기'와 '읽기'는 거의 정착돼 있지 못한 상황임이 드러났다. 하지만 안심해도 좋다. 배운 것을 전하면 된다.

리츠메이칸 아시아태평양대학 데구치 하루아키 학장은 지금까지 1만 권 이상의 책을 독파했으며 자신이 쓴 저서도 20권 이상 펴냈다. "어떻게 하면 머릿속에 남는가?" 하는 질문에 "기억으로 정착시키려면 가까운 친구에게 계속 얘기하는 것이 가장 좋은 비책이다"라고 대답했다. 자신의 말로 바꾸는 동안에 그 내용이 기억으로 정착하고 정보가 정리되기 때문이다. 하지만 얘기할 상대가 없는 경우도 있을 것이다. 그럴 때는 반복 학습을 추천하고 싶다. 고액납세자로 잘 알려진 작가 사이토 히토리는 같은 책을 반드시 7번 읽으라고 권한다. 애써 인풋한 내용을 쓸모없이 만들지 않는 방법을 궁리해 보자.

스스로 모임을 만들어 공유하라

늦잠 자는 거기 자네, 잠이란 무엇인가? 잠자고 있는 상태는 죽은 상태와 비슷하다. 그렇다면 왜 당신은 꺼림칙하게, 죽은 사람 같이 누워 무위도식하면서 살아온 증거를 사후에 남길 일을 하려 들지 않는가.

〈코덱스 아틀란티쿠스〉

피렌체에서 지내던 무렵의 레오나르도 다빈치는 지적 모임인 플라톤 아카데미에 초대받지 못해 소외감을 느꼈다. 하지만 활약 무대를 바꿔 궁정에서 일을 시작하자 새로운 인맥에 둘러싸이게 된다. 이때 그는 자신이 주재하는 지적 모임 '레오나르도 다빈치 아카데미'를 창설했다. 그는 이 아카데미의 로고를 6개나 디자인했는데 모두 복잡하게 새긴 줄무늬가 특징적이었다. 자신의 이름 Vinci(빈치)와 라틴어 Vincire(결합하다) 그리고 이탈리아어 Vincer(승리한다), 이렇게 세 단어를 교차

아카데미의 로고를 그린 판화, 대영박물관 소장

하여 다양한 의미를 담아 만든 로고다. 이 모임은 친구인 수학자 루카 파치올리를 필두로 예술가와 시인, 학자, 의사, 귀족 등이 교류하는 현자들을 위한 '단련의 장'이었다. 스스로 모임을 조직하여 마음이 통하는 사람들과 자신이 좋아하는 일을 자유롭게 아웃풋하고 공유할 수 있었다.

에도시대의 교육자이자 사상가인 요시다 쇼인은 쇼카 손주쿠라는 사립 학습소에서 하급 무사의 자녀들을 가르쳤는데, 이곳에서 나중에 총리대신 2명, 국무대신 7명, 대학창설자 2명이 배출됐다. 요시다 쇼인은 다음과 같이 결의가 담긴 말을 남겼다.

"할 수 있는 일은 아주 미미할지 모르지만, 그래도 새로운 역사의 한 부분을 담당하고 싶다. 의욕에 찬 이 열의를 설령 한 사람도 알아주지 못한다 해도 하늘만은 똑바로 보고 있을 거라고 믿고 앞으로 나아가겠다."

다빈치식 노트 만드는 법

이번에는 레오나르도 다빈치에게 배운 내용으로 인풋과 아웃풋을 위한 최고의 환경을 만들어보자. 무엇보다 그와 같은 방법으로 노트를 만들어보는 방법이 가장 효과적이다. 그 순서와 주의할 점을 구체적으로 소개하겠다. 그 전에 우선 인풋 능력을 높이기 위해 책장을 정리하는 방법을 그에게 배워보자.

다빈치식 책장 만들기

레오나르도는 크게 구분해서 두 종류의 책을 읽었다.

① 자신이 깊어지는 책 (목적: 축을 세운다) – 철학서, 격언집, 고전, 전문서

② 자신이 넓어지는 책 (목적: 틀을 넘어선다) – 해외도서, 다른 분야의 책, 소설, 교양서

자신을 깊게 해주거나 자신을 넓게 만들어주는 책, 이렇게 목적의식을 둘로 나누는 방법으로 한 단계 높은 수준의 독서를 할 수 있다. 이를 위해서도 실제로 다빈치식 책장을 만들어보기를 권하고 싶다. 순서는 간단하다. 자신이 갖고 있는 책을 다시 꽂기만 하면 된다.

① 책장에서 책을 전부 꺼낸다.

② 자신이 깊어지는 책과 넓어지는 책으로 분류한다.

③ 용도별로 세분화한다.

예를 들어 ③은 다음 그림과 같이 해보면 좋다.

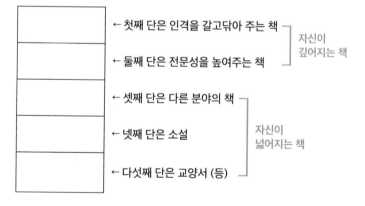

비결은 '여백'에 있다

레오나르도는 그림을 '시각 언어'라고 불렀다. 문자만으로 쓴 노트는 이해하는 데 시간이 필요하지만 스케치를 섞어서 기록하면 단번에 이해할 수 있기 때문이다. 문자만으로 쓰인 노트에 관해서 레오나르도는 이렇게 말한다.

> 독자인 당신이 이 페이지 전체를 보면 수많은 문자가 빽빽하게 쓰여 있다. 하지만 이것이 무엇에 관한 문자인지, 무엇을 의미하는지 바로 알 수 없다. 그래서 당신은 이 문자를 이해하기 위해 한 단어 한 단어, 한 줄씩 읽어 나가야 한다. 이는 건물의 꼭대기에 올라가고 싶을 때 계단을 하나씩 오르지 않으면 위에까지 다다를 수 없는 것과 같은 이치다.
>
> 〈코덱스 애시번햄〉

〈다빈치 노트〉의 핵심은 여백에 있다. 문장 외에 미리 스케치를 그려 넣을 공간을 확보해뒀다. 또한 나중에 기록해야 할 추가 내용이 있을 경우를 대비해서 위쪽은 약간 비어 두는 습관을 갖고 있었다.

여백의 세 가지 규칙

① 도표나 그림을 넣을 여백을 옆쪽에 비워 두어 시각 정보
를 우선한다.

② 위쪽에도 여백을 마련하고 나중에 생각나는 것을 적는다.

③ 비어 있는 여백을 활용해서 한 페이지에 내용이 완결되
도록 정리한다.

1/5	4/5	1/3	2/3
그림	문장	그림	문장

♠ 상단은 추가 기록을 위해 비워둔다.
　좌측의 5분의 1 또는 3분의 1은 도표나 그림 넣을 여백으로 비워둔다.

※ 레오나르도는 거울문자로 오른쪽에서 왼쪽 방향으로 글씨를 썼기 때문에 오른쪽에
　여백을 두었지만, 왼쪽에서 오른쪽 방향으로 쓸 때는 왼쪽에 여백을 남겨두면 된다.

우선 여백을 확보하고, 도표나 그림을 그린 후 문장을 쓰기

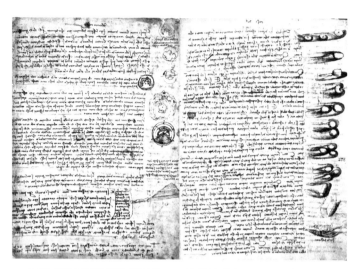

오른쪽 여백을 활용해 그린 지구의 구조(좌), 장애물과 물의 흐름(우), 〈코덱스 레스터〉

시작하는 일이 핵심이다. 〈다빈치 노트〉 중에는 문장만 적혀 있는 페이지도 있다. 그 경우는 옆쪽이 공백인 채로 남겨져 있다. 또한 문장을 쓸 공간이 부족한 경우는 원래 도표나 그림을 넣으려고 남겨둔 공백 부분에 문장을 적어 넣은 페이지도 있다. 레오나르도는 내용을 시각화해서 노트를 작성했지만, 그때그때의 상황에 따라 임기응변으로 대처했던 것이다.

최근에는 상대와 나눈 대화 내용을 실시간으로 그림과 도표를 이용해 가시화해서 노트에 적는 '그래픽 레코딩' 방법이 주목받고 있다. 레오나르도와 같은 예술적인 스케치를 하기는 어려워도 그래픽 레코딩을 활용하면 그림 그리는 실력이 없는 사람이라도 훈련을 거쳐 그릴 수 있게 된다. 회의 내용을 문자만으로 적은 기록을 보면서 떠올리는 것과 도해를 넣어 돌아보는 것은 그 효과의 차이가 상당히 크다. 자신에게 맞는 방법을 찾아 더욱 기억에 남는 노트를 만들어보자.

〈다빈치 노트〉로 보는 '목적별 쓰기 5가지 방법'

이제 시점을 바꿔 노트에 무엇을 쓰면 좋을지에 관해 목적별로 분석해보자.

불안과 고민, 스트레스를 해소하고 싶을 때: 표현적 글쓰기

"나는 성공하지 못했다, 나는 정말 바보다"라고 레오나르도 다빈치가 고백했던 일이나 자신의 괴로운 감정을 종이에 기록했던 일을 소개했다. 천재 레오나르도도 항상 냉정하고 침착하기만 했던 것은 아니며 때로는 감정의 동요가 있었던 것이다.

표현적 글쓰기라는 방법이 있다. 스트레스를 받았다거나 불안, 고민 등 그 날 느낀 감정을 그대로 쓰는 것이다. 사람의 마음을 읽고 조종하는 기술인 '멘탈리즘'을 구사하는 심리전문가이자 일본의 유일한 멘탈리스트로 알려진 다이고도 매일 밤 자기 전에 감정을 적는 습관을 갖고 있다. 자신의 감정을 언어로 표현하면 뇌의 전두엽이 불안과 긴장을 억제해주는 효과가 있다. 목욕을 마친 후, 부교감신경이 우위가 되어 긴장이 풀리고 마음이 느긋할 때 쓰는 것이 가장 좋다. 20분 정도가 이상적이지만 5분간이라도 효과를 기대할 수 있으므로 자신의 감정을 마음껏 종이에 적어보자.

마음을 가라앉히고 싶을 때: 객관적 글쓰기

그의 노트에는 다수의 소묘와 장문이 기록돼 있는데, 그중 가끔 사실을 고백하며 적은 내용이 있다. 레오나르도는 부친이 세상을 떠났을 때 다음과 같이 기록했다.

"1504년 7월 9일 수요일, 포데스타 궁의 공증인, 나의 아버지 세르 피에로 다빈치 서거. 시각은 7시였다. 향년 80세,

10남 2녀를 두었다."

슬픔이나 괴로움, 그 어떤 감정도 일절 쓰지 않고 사실만을 담담하게 적었다. 다만 실제로는 수요일이 아니라 화요일이었고, 80세가 아니라 78세였다고 한다. 그가 동요하는 모습을 엿볼 수 있다.

자신의 마음을 진정시키기 위해서는 우선 객관적인 사실과 마주할 필요가 있다. 실제로 레오나르도는 아버지의 죽음에 관해서 또 한 번, 다른 노트에도 기록을 남겼다. 견디기 힘든 사실에 직면하고 안정을 되찾기 위해 두 번이나 사실을 기록한 것이다. 상황을 객관적으로 바라보면 자신이 나아가야 할 방향이 보이기 마련이다.

자신감을 갖고 싶을 때: 비판적 글쓰기

레오나르도는 자존감을 높이고 자신의 정당성을 증명하기 위해 비판적인 문장을 썼다고 소개했다. 어떤 노트에는 수학적인 문제를 논하고 있을 때 느닷없이 수수께끼의 인물이 등장하고 비판의 대상이 된다.

"제노폰테여, 자네는 틀렸네."

"어찌하여 제노폰테는 거짓을 말했는가?"

이 제노폰테라는 인물에 관해서는 상세한 내용이 밝혀지지 않아 가공의 인물이었을 거라 추측되고 있다. 그밖에도 '논적은……' 하면서 자신의 의견과 다른 사람을 대상으로 비판을 하고 있다. 레오나르도가 라이벌 보티첼리를 비판한 문장도 소개했지만, 특정한 누군가의 잘못을 따지기보다는 자신의 의견을 확실하게 밝혀 자존감을 높이기 위해 쓰는 것이 중요하다. 비판적 글쓰기를 계속하다 보면 차츰차츰 자신감이 솟아난다.

의욕을 끌어올리고 싶을 때: 성공적인 글쓰기

말 그대로 성공한 일을 적는 방법이다. 비판적 글쓰기와 마찬가지로 자존감을 높여주는 효과가 있다. 레오나르도는 수학의 난문을 풀었을 때의 성취감 등을 적었다. 그뿐만 아니라 그는 미래에 꿈을 이룬 자신을 상상해서 글을 쓰기도 했다. 이는 "산에서 무사히 날면 전 세계는 경탄의 소리를 낸다"고 쓴 비행 실험의 기록에서도 알 수 있다. 자신이 아주 잘하고 있다고 느낀다면 어떤 일에도 긍정적인 사고로 몰두할 수 있다.

반드시 큰 성공일 필요는 없으며 소소한 성공 경험을 기록하는 것이 중요하다. 매일매일 일어나는 '사소하지만 바람직한 변화'를 적는 습관이 앞으로 나아가는 원동력이 될 것이다.

아이디어를 쏟아내고 싶을 때: 영감적인 글쓰기

〈다빈치 노트〉의 대부분은 머릿속에 떠오른 아이디어가 쌓인 결과물로 이뤄졌다. 어떤 발상이 떠오르면 반드시 메모를 했다. 이동 중에는 작은 메모장을 갖고 다녔으며 커다란 지도첩과 같은 크기의 노트에는 풍부한 스케치를 그려 넣으면서 갖가지 관심사를 기록했다.

메모와 스케치는 분량과 내용이 상당히 방대했기 때문에 정리를 다 할 수가 없어 생전에 출간하지 못했을 정도다. 하지만 오늘날의 시대는 컴퓨터와 스마트폰의 검색 기능을 사용하면 어디에 무엇을 썼는지 추적할 수 있으며 복사와 붙여넣기 기능을 이용해 손쉽게 편집도 가능하다. 레오나르도가 사용하지 못했던 테크놀로지의 이점을 마음껏 활용해보자.

Chapter 7

행복을 불러오는 힘

후회 없는 삶이 진정한 행복을 만든다

1

상대를 진심으로
사랑하는 비결

최고의 사랑은 사랑하는 사람에 대한 깊은 인식에서 싹튼다. 만약 당신이 상대를 인식하지 못하고 있다면 대개, 아니 절대로 사랑할 수 없을 것이다. 또한 만약 당신이 사랑하는 이유가 미덕이 아닌 자신의 욕망을 채우기 위해서라면 당신은 개와 똑같은 일을 하는 것이다. 개는 뼈를 줄 것 같은 사람을 향해 뒷다리로 일어서거나 꼬리를 흔들며 반기지 않는가. 하지만 만약 그 개가 그 사람의 미덕을 알 수 있고 좋아한다면 그 개도 훨씬 더 그 사람을 사랑할 것이다.

〈코덱스 우르비나스〉

레오나르도 다빈치에게 '사랑'은 인생의 키워드였다. 그는 일생 독신으로 살았으며, 연애에 관련해서도 베일에 싸여 있다. 하지만 사람을 사랑하지 않았던 것은 아니며 적어도 가까이에 애제자가 있었다. 끝까지 함께 있었던 제자 멜치는 그의 사후에 이런 편지를 써서 남겼다.

"내게는 아버지나 다름없는 분이었다. 이 슬픔은 말로 표현할 수가 없다. 내 목숨이 계속되는 한, 이 아픔이 사라지는 일은 없을 것이다. 날마다 스승이 내게 쏟아준 애정을 생각하면 당연한 일이다."

레오나르도가 애정이 깊은 인물이었다는 사실을 알 수 있는 증언이다. 멜치는 귀족 출신으로 기품있는 행동과 달필에 그림도 잘 그렸으며 헌신적으로 스승을 보필했다. 레오나르도의 신뢰도 절대적이어서 그림 도구나 초상화, 방대한 〈다빈치 노트〉도 전부 멜치에게 유산으로 남겼다.

세상을 살아가면서 자신을 깊이 이해하는 존재를 만날 수 있다면 더없이 행복한 사람이다. 레오나르도는 누군가를 진심으로 사랑하는 방법에 대해 조언했다. 우선 상대를 깊이 알아야 하며, 다음으로는 자신의 욕심을 채우기 위한 사랑이 아니라 상대가 지닌 인격의 장단점을 사랑할 줄 알아야 한다. 레오나르도는 외모는 출중했지만 문제아인 살라이보다 내면이 아름다운 인격자인 멜치와 깊은 교감을 나누는 인간관계를 유지했다. 상대의 중심을 이루는 미덕을 제대로 보고 있었던 것이다.

2

분노는 작은 행복부터
무너뜨린다

남을 화나게 하는 사람은 자신도 파멸시킨다.

〈파리 매뉴스크립트 M〉

치솟는 분노를 참지 못하고 살해하거나 집에 불을 질러 사람들을 죽음으로 내몰았다는 안타까운 사건을 접하면 분노란 얼마나 무서운 감정인가에 대해 전율을 느낀다. 분노의 감정은 상대를 상처 입힐 뿐만 아니라, 레오나르도가 말했듯이 자신마저 파멸시키는 악한 습관이다.

미국 국립노화연구소는 화를 잘 내는 사람은 심장 발작이나 뇌졸중을 일으킬 위험성이 높다고 보고했다. 분노의 감정으로 인해 고혈압 발병 위험도는 1.5배, 심장 발작을 일으킬 확률은 8.5배나 올라간다는 연구 결과도 나와 있다. 분노는 그야말로 백해무익한 감정이다.

어떻게 하면 분노를 가라앉힐 수 있을까. '웃는 낯에 침 뱉

으라'라는 속담도 있듯이, 분노에는 분노로 대응할 게 아니라 오히려 따뜻한 마음으로 대하면 희한하게도 상대의 분노가 사그라진다고 알려져 있다. 하지만 그렇게 하기에는 상당한 수양이 필요한 것도 사실이다.

요즘 '분노 관리anger management'라는 분노 조절 방법이 주목받고 있다. 짜증을 없애는 데 초점을 맞추는 게 아니라 분노의 감정을 어떻게 받아들이고 다스릴지 생각하는 것이다.

분노관리협회의 안도 슌스케 대표이사는 '세 개로 겹친 원'으로 분노의 단계를 생각하면 효과적이라고 말한다. 삼중으로 원을 그리고 한가운데의 원부터 바깥쪽을 향해 순서대로 '자신과 같다' '약간 다르지만 허용 범위' '자신과 다르므로 허용할 수 없다'는 분노의 세 단계를 분류함으로써 상대와 자신과의 차이를 알 수 있다. 화를 내야 할지 여부를 판단하는 기준을 세워 자신의 허용 범위를 점점 넓히려는 노력이 중요하다.

3

모든 사람에게
좋은 사람은 없다

아무리 훌륭한 성과를 이뤄내고 유명한 걸작을 완성시켜도, 마치
잘 익은 호두를 깨뜨리듯 질투심에 사로잡혀 온갖 수단을 동원해
비난하는 사람들이 있다.

〈파리 매뉴스크립트 G〉

레오나르도 다빈치는 인체 해부에 몰두해 아직 해명되지 않
은 인체의 신비를 밝혀내서 인류에 공헌하고자 했다. 그런데
레오나르도의 행동을 본 사람들이 그를 흑마술에 빠진 위험
인물로 여겨 교황에게 밀고했다. 그는 밀고자에 대해 반론을
제기하려고 했으나 어쩔 수 없이 해부 연구를 중단하게 됐다.

오늘날에도 사람들에게 도움 주는 일을 하면서도 오해 받
거나 중상모략을 당할 때가 있다. 또한 좋고 싫다는 감정만으
로 따돌리거나 익명성 뒤에 숨어 인터넷에 말도 안 되는 사실
무근의 일을 올리는 사람들이 있어 이에 대한 대책이 비즈니

스가 될 정도로 현대사회에서는 문제시되고 있다. 그러나 서글프게도 아무리 대책을 세워도 험담이나 비방을 하는 사람이 사회에서 사라지지 않는다. 행복이 생기면 시기가 움트고 행복과 질투는 언제나 표리일체의 관계에 놓여 있다. 재치 있기로 유명한 무로마치 시대의 승려 잇큐 소준 선사는 인간의 심리를 꿰뚫어보고 "오늘 칭찬하고 내일은 험담을 하는 것이 사람이다. 그런 사람들의 말에 휘둘려 일희일비하는 것은 어리석다"라고 말했다.

같은 사람이라도 자신에게 이익이 되면 좋은 사람으로 여기고 손해가 되면 금방 나쁜 사람으로 치부한다. 모든 사람에게 좋은 사람은 없다. 행복해지고자 한다면 질투가 따라오는 것도 각오해야 한다. 그것이 행복의 조건이다.

4

덕이야말로 진정한 재산이다

저속한 인간은 음식물이 통과하는 주머니에 지나지 않으며, 아무
런 덕도 실천하지 않는 자들에게는 배설물로 가득 찬 변소가 남을
뿐이다.

〈코덱스 포스터〉

"쾌락에 빠지는 자는 짐승의 친구가 돼라"〈파리 매뉴스크립
트 H〉에 담긴 엄격한 가르침이다. 인간은 욕심을 채우지 않
고서 살아갈 수 없으며 인생의 제일가는 즐거움은 "맛있는 음
식을 먹는 일"이라고 말하는 사람이 많은 듯하다. 하지만 먹
는 것밖에 생각하지 않고 욕구만 충족하는 생활을 하고 있다
면 동물이나 다름없다고 레오나르도는 조언한다.

욕망을 채워주는 쾌감은 강렬해도 한순간의 기쁨과 함께
사라지고 만다. 따라서 '욕구'가 아닌 '덕'을 추구하는 것이 행
복하게 살아가는 비결이라고 주장했다. 또한 물질적인 부는

소유하고 있는 동안 그것을 잃을 수 있다는 조바심에 항상 불안을 떨칠 수가 없는 반면에, 덕은 죽을 때까지 잃어버릴 일이 없다고도 강조했다. 레오나르도는 말년에 유복한 여생을 보냈지만 생활이 곤궁해 후원자의 도움을 받던 가난한 시절도 있었다. 생계유지를 위한 돈이 없으면 곤란하겠지만 과연 큰돈을 소유하는 것이 진정한 행복일까. 돈에 대한 그의 가치관도 들어보자.

> 돈을 많이 벌었다고 해도 우리가 생활비로 사용하는 데는 그 정도로 많이 필요하지 않으며, 만약 당신이 돈을 많이 쓰려고 해도 다 쓸 수 없다면 그 돈은 당신의 것이라고 할 수 없다. 전부 사용할 수 없는 재산도 마찬가지로 소유자의 것이 아니다. 자신의 생활에 도움이 되지 않는 돈을 벌었다 해도 그것은 당신의 뜻과 달리 타인의 손에 있는 것이나 다름없다.
>
> 〈코덱스 우르비나스〉

5

은혜에 보답하려는 마음이 행복을 만든다

펠리컨, 이 새는 자신의 새끼에게 더할 나위 없는 애정을 갖고 있다. 둥지 속에 새끼들이 뱀에 물려 죽어 있는 것을 발견하면 자신의 심장을 부리로 찔러 비처럼 흘러내리는 피로 새끼들을 흠뻑 적셔 소생시킨다.

〈파리 매뉴스크립트 H〉

레오나르도 다빈치는 자신을 낳아준 어머니와 오랜만에 재회한다. 하지만 그로부터 2년 후 어머니가 세상을 떠나고 그 장례 비용을 기록했다. 어머니가 아들을 찾아온 것은 죽음이 다가왔음을 직감했기 때문인지도 모른다. 어머니와 재회한 다음 해, 레오나르도는 흥미로운 메모를 남겼다. 그 메모는 펠리컨에 관한 문장이 기록된 〈파리 매뉴스크립트 H〉에 남아 있는데, 어머니의 이름인 '카테리나'라는 단어 위에 푸른 옥반지와 별 모양의 돌이라고 써놓았다. 아마도 어머니에게 드리는 선물로 구입했을 것이다. 자신을 기르지는 않았지만 낳아 준 어머니의 은혜에 감사하고 소중하게 여겼던 그의 마음을 알 수 있다.

'풍수지탄風樹之嘆'이라는 중국의 고사성어가 있다. '나무가 고요하게 서 있고 싶어 해도 바람이 불면 흔들리듯이, 자식이 효도를 하려고 해도 부모는 그때까지 기다려주지 않는다. 저 세상으로 가버리면 두 번 다시 만날 수 없는 것이 부모다'라 는 의미를 담고 있다.

'묘비에 이불을 덮을 수는 없다'는 속담이 있다. 부모가 생 전에 당연한 듯 해주던 일도 결코 당연한 게 아니었으며 감 사해야 할 일이고, 잃고 나서야 비로소 부모의 소중함을 알게 되는 것임을 알리고 있다. 묘비에 이불을 덮는다고 효도가 아 니다. 은혜를 알고 감사해하며 은혜에 보답하는 사람에게 행 복이 찾아온다.

적당한 운동이 마음의 휴식을 준다

건강을 유지하는 방법을 가르쳐주겠다. 한마디로 당신이 의사를 피하려고 조심하면 할수록 건강을 지킬 수 있다.

〈해부 노트〉

레오나르도 다빈치는 의사를 싫어한 모양이다. 〈파리 매뉴스크립트 F〉에는 "모두들 돈을 모으려 하는 것은 생명의 파괴자인 의사에게 갖다 바치기 위해서다. 그래서 그들은 부자다"라는 내용도 기록돼 있다.

500년 전의 의료기술이 지금보다 훨씬 낮았다고 해도 하필이면 의사를 '생명의 파괴자'라고 하다니, 강렬한 표현이 아닐 수 없다. 요즘도 건강을 염려해 불필요하게 의사를 찾아가고 먹지 않아도 될 약을 먹어 오히려 건강을 악화시키는 사람도 있다.

레오나르도의 장서 목록에는《건강유지론》이라는 책이 있

으며 건강을 유지하는 비결을 노트에 소개하고 있다. 요리할 때는 간을 약하게 하고 적당한 양의 음식을 잘 씹어 먹어야 하며 술은 과음하지 말고 조금씩 마시라고 조언한다. 탁한 공기를 피하고 잘 때는 침구를 제대로 갖춰 심신이 모두 상쾌한 상태를 유지하는 것이 중요하다.

그리고 적당한 운동을 권하고 있는데 흥미로운 점은, 지금으로 말하면 '적극적 휴식active rest'을 추천하고 있다는 사실이다. 몸을 가볍게 움직임으로써 혈류의 개선을 꾀하면 체내의 피로물질을 배출하기 쉬워진다는 것이다. 잠을 충분히 자도 피로가 풀리지 않는 원인은 뇌와 신체 사이에 생긴 피로의 불균형에 있다. 균형을 바로잡는 운동을 습관화하면 훨씬 수월하게 피로를 풀 수 있다. 구체적으로는 스트레칭이나 걷기 같은 유산소운동, 그리고 목욕도 적극적 휴식이다. 바쁜 현대인이라도 조금만 신경 쓰면 가능한 일이 많다.

7 하고 싶지 않은 일은 거절하라

금전욕 때문에 예술 활동을 통해 당연히 손에 넣을 수 있는 영광을 버려서는 안 된다. 인체의 여러 군데 아름다운 부분 중에서 길 가는 사람들의 발길을 멈추게 하는 것은 어디라고 생각하는가? 그것은 얼굴의 아름다움이지 호화로운 장식품이 아니라는 사실을 당신은 모르는가.

〈코덱스 우르비나스〉

파리 루브르 미술관에 〈이사벨라 데스테〉라는 후작부인의 데생 작품이 있다. 레오나르도 다빈치가 밀라노에 있을 무렵, 프랑스군이 밀라노로 진격해 점령했다. 전쟁으로 신변의 위험을 느낀 그는 이사벨라가 있는 만토바라는 도시를 찾아갔다. 예술가의 후원자이기도 한 이사벨라는 정치 수완이 뛰어났으며 당시 최첨단 패션으로 치장하고는 했다. 레오나르도는 그녀를 데생으로 그렸고, 이탈리아로 돌아가면 채색해서 초상화를 완성하겠다고 약속했지만 지키지 못했다. 이사벨라가

재촉하는 편지를 여러 번 보냈지만 레오나르도는 완고하게 그리기를 거부했다. 그림을 그리면 큰돈을 손에 넣을 수 있는데도 그는 왜 그리지 않은 것일까. 티치아노 베첼리오라는 화가가 그린 이사벨라의 초상화가 있다. 티치아노는 본 대로 초상화를 그렸으나 이사벨라는 그림이 마음에 들지 않아 40세나 어려 보이도록 다시 그리라고 명령했다(당시 이사벨라는 60대였다고 한다–옮긴이). 그녀는 다른 화가에게도 초상화를 의뢰했지만 완성품이 실제보다 뚱뚱하게 그려졌다면서 비난하기 일쑤였다.

레오나르도는 혹시 요구 사항이 많고 만족을 모르는 이사벨라의 기질을 간파했던 것일까. 그는 장식을 좋아하지 않고 단순한 복장을 좋아했기 때문에 그녀의 화려한 복장도 마음에 들지 않았을지 모른다. 큰돈을 벌 수 있다 해도 하고 싶지 않은 일은 하지 않는다. 그 또한 행복을 지키는 비결이다.

행복한 이타주의자가 돼라

내가 세상에 공헌하는 일을 하는 데 싫증나기 전에 움직일 수 없게
되기를 바란다. 세상에 쓸모없는 존재가 되기 전에 움직일 수 없게
되길 바란다. 권태감보다는 죽음을 원한다. 나는 타인에게 봉사하
는 일에는 만족하지 못하지만, 세상을 위해서라면 어떤 일도 나를
질리게 하거나 지치게 할 수 없다.

<코덱스 윈저>

누군가에게 도움이 된다고 느끼는 감정이 행복으로 이어진
다. 14세기 유럽에서는 페스트라는 감염병이 크게 유행해 유
럽 전체 인구의 3분의 1이 목숨을 잃었다. 그 후에도 전염병
의 위협은 계속됐고 이를 걱정한 레오나르도 다빈치는 마차
와 짐차 전용 통로와 인도를 구분해 위생을 고려한 공간 만들
기를 제안했다. 건물을 설계할 때 목재는 화재의 위험이 있으
므로 벽돌을 사용하도록 검토하고 화장실에서 악취가 나지
않는 구조를 연구했다.

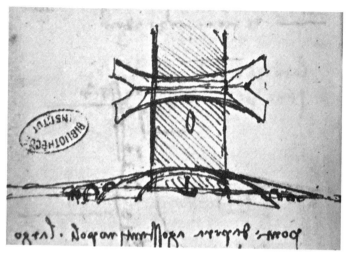

보스포루스 해협을 잇는 다리 설계 스케치, 〈파리 매뉴스크립트 L〉

　사람들이 휴식을 취할 수 있는 장소로 물의 정원을 계획했다. 자갈을 깐 정원이 아름답게 보이도록 샘물이 솟는 용수로를 만들고, 작은 새들의 지저귐 소리와 함께 물레방아가 돌아가면 다양한 악기가 음악을 연주하는 장치를 고안했다. 또한 시트론이나 장미의 꽃향기를 느낄 수 있게 하여 그야말로 '오감을 즐겁게 하는 휴식 장소'를 생각해낸 것이다.

　또한 투르크 황제에게 콘스탄티노폴리스 근처의 보스포루스 해협을 잇는 다리 건설에 관해 의뢰를 받고 240m의 장대한 다리를 구상해 노트에 스케치했다. 당시의 기술로는 실현할 수 없었기 때문에 건설되지는 못했지만 그 아름다운 조형에 감동 받은 노르웨이의 미술가가 2001년 수도 오슬로에 실제로 그 축소판 다리를 만들었다.

레오나르도가 일을 선택하는 방식은 인류에게 공헌하는 '이타심'을 기본으로 삼고 있다. 자신이 지금 하고 있는 일은 사회와 인류에 공헌할 수 있는 일인가. 우리는 인생의 대부분 일을 하면서 시간을 보낸다. 행복감을 느끼며 인생을 살기 위해서는 가끔 자신이 하는 일을 돌아보면 좋을 것이다.

9 행복하게 해줄 대상을 늘려라

인류에게 혜택을 주기 위해서 나는 반듯하게 복제하는 방법을 전해주겠다. 후세 사람들이여! 돈 내기가 아까워 목판에 인쇄하는 인색한 일은 없기를 바란다.

〈해부 노트〉

"후세 사람들이여" 하고 부르는 레오나르도 다빈치의 문장을 읽으면 위대한 사람은 모두 시간과 공간을 초월해 이타利他를 중요하게 여긴다는 생각이 든다. 이타는 원래 불교에서 유래한 말이다.

《정토론주淨土論註》(중국의 승려 담란이 지은 불교 서적-옮긴이)라는 책에는 "자신의 이익을 추구하는 것이 곧 다른 사람의 이익이 된다. 자신에게 이롭지 않으면 다른 사람에게도 이롭지 않다"라는 말이 있다. 즉, 자신이 행복하지 않으면 다른 사람을 행복하게 할 수 없다는 뜻이다.

우리는 자신의 행복을 방해 받으면 화를 내거나 비난을 하고 불만을 쏟아내기도 한다. 하지만 조금 여유를 가지면 가까운 사람에게 행복을 나눠줄 수 있고 이타심이 커지면 사회 공헌을 위해 일을 함으로써 일면식도 없는 타인의 행복까지 염원할 수 있다.

레오나르도는 가족과 제자는 물론이고 일에 관련된 사람, 그리고 인류 전체의 행복을 생각했다. 더욱이 동물 애호주의자였던 그는 채식주의자가 됐고, 새를 사냥하는 사람을 보면 상식 없는 인간이라고 비난했다. 시장에서 새장에 갇힌 새를 보면 구입해서 하늘로 날려 보냈다는 일화도 있을 정도다. 레오나르도는 동물을 '감각적인 생명', 자연을 '식물적인 생명', 인간을 '이성적인 생명'이라고 각각 분류하고 생명을 존중할 것을 강조했다. 자연을 사랑하고 전쟁을 혐오했던 그는 모든 생명체를 사랑했다. 자신이 행복하게 해줄 대상이 많아질수록 자신의 행복도 커질 것이다.

두 가지 관점에서 본
레오나르도 다빈치의 인생

물이 절반 들어 있는 컵을 보고, 아직 물이 절반이나 남아 있다고 생각하는 사람과 벌써 반밖에 남지 않았다고 생각하는 사람은 같은 현상을 봐도 인식하는 방식이 180도 다르다. 당연히 매사를 긍정적으로 바라보는 편이 행복하게 살 수 있다.

　이번에는 레오나르도 다빈치가 됐다고 가정하고 그의 인생을 두 가지 시각에서 정리해봤다. 같은 인생이라도 전혀 다른 인상을 받을 수 있다.

'부정적인 레오나르도'의 일생

레오나르도는 한평생 파란만장하고 역경으로 가득 찬 삶을 살았다. 1452년에 그는 정식 혼인관계를 맺지 못한 부모 사이에서 태어났으며, 바로 부모가 헤어지는 바람에 유소년기에는 어머니의 애정을 받지 못하고 자랐다. 아버지는 일밖에 모르는 사람으로 새로 맞이한 아내와의 사이에서 태어난 아이를 레오나르도보다 더 소중히 여겼고 그에게 유산도 남겨주지 않았다.

서자라는 신분으로는 아버지의 직업인 공증인이 될 수 없었기에 14세가 되자 베로키오 스승의 공방으로 들어가 예술을 배웠다. 20세에 마이스터가 되었으나 독립하지 못했고 때로는 그림을 그려도 완성시키지 못하다 보니 피렌체에서 로마로 예술가를 파견하는 프로젝트에도 선발되지 못했다.

레오나르도는 동성애 혐의로 체포돼 수난을 당한 적도 있었다. 라틴어 교육을 받지 못했다는 이유로 명문 메디치가에서 주재하는 지적 모임 '플라톤 아카데미'에도 초대받지 못했다. 천재가 분명한데도 주변 사람들은 전혀 제대로 평가해주지 않았다.

30세에는 자신을 인정해주지 않는 피렌체를 단념하고 밀라노로 향했다. 그는 굳게 마음먹고 군사기술사가 되어 여러 가지 병기를 발명하고 디자인했다. 하지만 그다지 현실적이지 못했고 당시의 기술로는 제작할 수 없어 대부분은 그림의 떡일 뿐이었다.

레오나르도는 주문을 받고 밀라노의 화가 암브로지오와 공동으로 〈암굴의 성모〉를 그렸지만 주문자들로부터 추가 비용을 더 받기 위해 밀라노 사법부에 탄원서를 제출하며 법적 소송을 하기도 했다.

그림을 그리는 데 질려서 이번에는 주군의 영예를 찬양하는 기마상을 만들고자 높이 7m가 넘는 거대한 모형을 만들었다. 사람들은 칭찬을 아끼지 않았으나 마침내 주조할 때가 됐을 때 공교롭게도 사회 정세가 악화됐다. 기껏 기마상의 형상까지 설계했지만 이 작품에 쓰려고 확보해뒀던 청동은 전부 대포 재료로 사용됐다. 기마상 모형은 프랑스군 무리의 사격 연습용 표적이 되어 파괴되고 말았다. 게다가 그 무렵 제자로 삼은 자코모라는 소년이 외모는 수려했지만 거짓말쟁이에 대식가인데다 남의 물건을 훔치는 작은 악마였던 탓에 레오나르도는 늘 골머리를 앓아야 했다.

40세가 넘어서는 어린 시절 그를 떠났던 어머니가 찾아와 함께 생활하게 됐지만, 2년 후 돌아가셨다.

다시 마음을 추스르고 〈최후의 만찬〉 제작에 몰두하여 3년에 걸쳐 완성시켰고 대중의 각광을 받았다. 하지만 기존에 벽화를 그릴 때 쓰던 프레스코 기법이 아니라 새로운 방식으로 만든 물감을 사용했더니 녹이 슬고 떨어져 나가는 현상이 일어났다. 완성 직후부터 열화가 시작돼 어느 새 도저히 보기에도 무참한 형상으로 바뀌었다.

50세가 지나 피렌체 정부로부터 정부 청사 내에 장식할 거대한 벽화 제작을 의뢰 받았다. 실로 보람 있는 일이었지만 미켈란젤로와의 예술적 결투가 기다리고 있었다. 레오나르도는 〈앙기아리 전투〉를 그리고 미켈란젤로는 〈카시나 전투〉를 그렸다. 레오나르도는 지금까지 본 적이 없을 정도로 압도적이고 인상적인 그림을 그렸는데, 불로 유채를 건조시키려 하자 물감이 녹아내리고 말았다. 그는 이번에도 작품을 최고의 상태로 보존하지 못했던 것이다. 미켈란젤로도 도중에 교황의 묘비를 만들기 위해 로마로 떠나느라 작품을 완성하지 못해 이 대결은 무승부로 끝났다. 그러는 동안에 레오나르도의 아버지가 돌아가시고 어린 시절에 그를 돌봐주던 숙부마저 세상을 떠났다. 숙부는 모든 유산을 그에게 남기겠다는 유서를 남겼지만 그 유서 내용에 반발한 이복형제(아버지 피에로의 합법적인 자식들을 가리킨다. 숙부에게는 자식이 없었다-옮긴이)

들이 소송을 일으켰다. 프랑스 왕의 배려로 문제는 해결됐지만 그는 이 일을 통해 인간이란 얼마나 추한 존재인지를 뼈저리게 깨닫게 됐다.

레오나르도는 인간이 하늘을 나는 것을 꿈꾸며 연구를 계속해왔는데 이 도전도 결국은 실패로 돌아갔다.

꿈을 잃어버린 그를 기다리고 있던 것은 죽음에 대한 불안이었다. 그는 지구가 물에 휩싸이는 최후의 상황을 상상하며 대홍수의 그림을 10장 이상 연작으로 그렸다. 말년에는 조국 이탈리아를 떠나 프랑스의 시골로 이주했다. 그의 손에는 〈모나리자〉〈성 안나와 성모자〉〈세례 요한〉 이 세 장의 그림이 남았을 뿐이다. 그리고 1519년 67세로 생애를 마감했다.

'긍정적인 레오나르도'의 일생

레오나르도의 인생은 위풍당당하고 자유로운 삶이었다. 1452년에 빈치 마을에서 태어나 부모 대신에 할아버지와 숙부에게 귀여움을 받으며 자라났다. 자연 경관이 풍요로운 빈치 마을에서 구김살 없이 성장했으며, 이후 도회지인 피렌체로 이주했다.

 물건 만들기를 무척 좋아했는데, 레오나르도의 재능을 알아본 아버지가 지인인 예술가 베로키오 스승의 공방에서 도제 교육을 받도록 주선해줬다. 창작 활동은 굉장히 즐거웠으며 위대한 예술가가 되기 위해 먼저 기초를 철저하게 배웠고 누구보다도 탁월한 실력을 쌓아나갔다. 마침내 공동으로 그림을 그리게 됐고 스승보다 뛰어나다고 인정받아 20세에는 '마이스터'의 칭호를 얻었다. 또한 그림 그리는 방법뿐 아니라 기하학, 해부학, 천문학 등의 학문도 배웠다. 폭넓은 지식을 활용해 그림을 그리는 일에 큰 보람을 느꼈다. 〈수태고지〉라는 당시 주류를 이루던 주제의 그림을 그려 화가로 데뷔했다. 레오나르도는 창의적이며 자유롭게 그림을 그리고 싶었기 때문에 상식에 얽매이지 않는 자유로운 밀라노로 옮겨, 루도비코 스포르차 공작의 지원을 받았다. 루도비코가 밀라노 공국의 군주 자리에 오르자 그의 총애를 받던 레오나르도는 궁정 화가가 됐다. 궁정에서 무대 기획자로 행사를 진행하고 용의 형상을 한 악기로 연주하며 군사기술사로도 활약했다. 다양한 분야에서 하고 싶은 일을 무엇이든지 마음껏 했다. 루도비코 군주의 애인도 그려줬는데 그중에서도 〈담비를 안고 있는 여인〉은 입을 맞추고 싶어질 정도로 뛰어나다는 칭송을 받았다. 수많은 실패도 겪었지만 실력을 인정받아 대작 〈최후의 만찬〉을 그릴 기회를 얻었다. 선인의 그림을 연구하고 시행착오를 거듭해 그린 이 작품은 프랑스 왕이 벽을 통째로 뜯어서 가져가고 싶어 했을 정도여서 드디어 유럽에 레오나르도의 명성이 널리 퍼졌다. 또한 군주가 포도원도 하사해준 덕에 와인을 즐기며 우아한 날들을 보낼 수 있었다.

그는 밀라노에서 피렌체로 돌아와 오랜만에 아버지와 재회했다. 아버지는 유명한 예술가가 된 그를 자랑스럽게 여겼으며 고문을 맡고 있던 교회의 제단에 장식할 〈성 안나와 성모자〉의 그림 작업을 주선해줬다. 레오나르도는 열의를 다해 밑그림을 그렸고 이틀 동안 그 걸작을 한 번 보려고 찾아온 사람들이 길고 긴 행렬을 이뤘다.

그림 작품 외에도 기하학 도형을 그리는 일이나 탈 것을 발명하고 화석과 천체 연구, 도시 계획, 인체 해부와 물 연구 등 자신이 하고 싶은 일이라면 무엇이든지 몰두했다. 자신이 고찰한 내용을 기록한 노트도 출간해서 인류사회에 공헌하고자 했다. 또한 그는 수학자 루카 파치올리와 해부학자 마르칸토니오, 정치사상가 마키아벨리 등 다양한 분야의 지식인들과 교류할 기회를 얻어 식견을 넓혔다.

아름다운 청년 살라이(문제가 있는 녀석이지만)와 귀족 출신인 멜치도 지원해줘서 레오나르도 다빈치는 알찬 성과를 얻을 수 있었다. 특히 멜치는 레오나로도보다 40세나 어린 데도 그를 잘 이해해주는 친구이자 후계자였다. 때로는 그의 그림을 모사해 노트에 옮겨주기도 했다. 이렇게 화려한 인맥과 제자와 친구들을 곁에 둔 그는 행복한 사람이었다.

하지만 레오나르도에겐 아직 할 일이 남아 있었다. 이 세상에서 최고의 예술은 그림이며, 그림은 동시에 철학을 의미한다. 50세가 넘어서 지금까지 작품 활동의 집대성이라고 할 만한 그림을 그리기로 결심했던 것이다. 그는 한 여성을 그렸는데, 이 그림을 소중히 여겨 끊임없이 수정을 거듭했다. 이 작품이 바로 〈모나리자〉다.

프랑수아 1세에게 초대받아 프랑스의 앙부아즈로 이주하고 나서도 〈모나리자〉와 더불어 〈성 안나와 성모자〉의 완성판, 그리고 가장 마지막에 그린 〈세례 요한〉. 이렇게 세 작품은 아무에게도 넘겨주지 않고 소중히 간직하고 있었다.

프랑수아 1세는 레오나르도에게 충분한 돈과 클로뤼세 성을 하사했고, 그 덕분에 그는 누구에게도 방해받지 않고 유유자적한 삶을 누렸다. 이때 그는 가장 풍족한 생활을 했다.

인생의 마지막에는 유언장을 남겼으며 감사의 뜻을 담아 유품을 분배했다. 옛날에 소송 분쟁을 벌였던 이복형제에게는 숙부에게 받은 토지와 돈을, 하인에게는 밀라노의 토지 절반과 수로 사용료를 줬다. 가정부에게는 고급 의복과 돈을, 제자인 살라이에게는 밀라노에 있는 토지 절반과 집을 남겼다. 그리고 후계자 멜치에게는 모든 노트를 포함해 남은 재산을 전부 물려줬다. 레오나르도의 일생은 실로 행복으로 가득 차 있었다.

인생을 즐기는 사람이
성공을 쟁취한다

피아니스트, 칼럼니스트, 알피니스트alpinist. 이는 쉽게 바꿔 표현하면 각각 피아노를 치는 사람, 칼럼을 쓰는 사람, 등산을 하는 사람이지만 사실은 그 이상의 의미를 지니고 있다.

알피니스트는 다음과 같이 정의할 수 있다.

"등산 자체에 목적을 두고 더 높이, 더 새롭게, 더 힘들게 산을 오르는 것을 목표로 기쁨과 즐거움을 추구하고 과학적, 종합적으로 지식과 기술을 배양하며 강한 열정으로 등산을 하려는 사람."

가벼운 기분전환이나 건강을 위해 등산을 하는 사람과는 완전히 다르다는 사실을 알 수 있다. 'OO스트'라고 불리는 사람들은 모두 전문적인 지식과 기술을 갖추고 열정적이며 이상적인 목표를 갖고 있는 전문가다. 오늘날은 평균수명 100세 시대, 그리고 AI시대로 돌입했으며 이전보다 사람의 마음을 훨씬 더 소중히 여기며 내면의 소리에도 귀 기울여 창조적인 발상력으로 타인을 사로잡는 힘이 요구되는 시대다.

필자는 이런 현시대에 활약할 수 있는 부류의 사람을 통틀어서 '다빈치스트'라고 부른다. '다빈치스트'는 레오나르도 다빈치와 같이 진정으로 원하는 일이 무엇인지 자신의 마음을 들여다보며 실행에 옮기는 사람을 뜻한다. 이 책에서 소개한 레오나르도의 언어, 사고관, 행동 습관을 바탕으로 살아간다면 당신도 '다빈치스트'가 될 수 있다.

필자는 초등학생 시절에 반에 있는지 없는지조차 모를 정도로 매우 존재감 없는 아이였다. 믿기 힘들 정도로 병약해서 툭하면 코피를 흘렸는데 한 번은 엄청난 양의 코피가 멈추지 않아 구급차로 이송된 적도 있다. 남들 같으면 한 번 밖에 걸리지 않을 풍진도 두 번이나 걸렸고 거듭되는 폐렴으로 링거를 맞아야 할 때도 있었다.

어느 날, 학교 체육 시간에 인간은 체온이 42도 이상으로 올라가면 죽는다는 말을 듣고 깜짝 놀랐다. 예전에 43도 고열이 난 적이 있었기 때문이다. 일어서기도 힘들어서 화장실에 가야 할 때면 복도가 끝없이 길게 느껴졌다.

다행히도 부모님이 빠르게 병원 치료를 받게 해준 덕분에 죽음은 면했다. 체육 수업을 들으면서 '나는 왜 죽지 않았을

까. 살아난 데는 무언가 의미가 있는 게 아닐까?' 하는 생각에
빠지곤 했다. 하마터면 죽을 수도 있었던 인생, 기왕이면 무엇
이든지 관심 있는 일을 해보기로 마음먹고 중학생 이후로는
존재감이 미비했던 자신과 결별하고 완전히 다른 사람으로
바뀌었다.

세월이 흘러 필자는 루브르 박물관에서 레오나르도의 신비
로운 작품 〈바쿠스〉를 만나게 된다. 원래부터 갖가지 일에 도
전했던 그에게 공감하고 있었기 때문에 이 그림은 필자에게
"당신이 나의 의사를 전해 주시오"라고 말을 거는 듯했다. 정
말로 신기한 체험이었다.

귀국 후 필자는 레오나르도를 연구하기 시작했다. 그가 후
세에 전하고자 했던 메시지는 과연 무엇일까. 알면 알수록 흥
미로운 사실을 발견하게 됐고 그의 사상은 한 줄의 실처럼 이
어져 있었다.

어떻게 하면 다빈치식 생각 도구를 사람들에게 이해하기
쉽게 전할지 연구하고, 일본 최초로 '다빈치 연구회'를 결성했
다. 그리고 8년이라는 시간이 흘러 이렇게 분석하고 정리한
내용을 책으로 펴내게 됐다. 지금까지 그를 접했던 적이 있는
사람도 그렇지 않은 사람도 모두 이 책을 통해 '실천가'로서의

레오나르도를 알게 되고, 지금까지와는 다른 새로운 한 발을 내딛을 수 있다면 더없이 기쁠 것이다.

끝으로 레오나르도 다빈치의 말을 한 가지 더 전하면서 이 책을 마치고자 한다.

후회 없이 보낸 하루가 행복한 잠을 불러오듯,

후회 없이 살아온 일생은 행복한 죽음을 불러온다.

〈코덱스 트리불지아누스〉

Il codice atlantico　v. 1 ～v. 12、Leonardo da Vinci、Giunti-Barbèra

《マドリッド手稿》、レオナルド・ダ・ヴィンチ著、清水純一他訳、岩波書店

《パリ手稿A, B, C, D, E, F, G, H, I, K, L, M》、レオナルド・ダ・ヴィンチ著、
　　裾分一弘他訳、岩波書店

《トリヴルツィオ手稿》、レオナルド・ダ・ヴィンチ著、小野健一他訳、岩波書店

《解剖手稿》、レオナルド・ダ・ヴィンチ著、裾分一弘他訳、岩波書店

《鳥の飛翔に関する手稿》、レオナルド・ダ・ヴィンチ著、谷一郎他訳、岩波書店

《レオナルド・ダ・ヴィンチ絵画の書》、レオナルド・ダ・ヴィンチ著、斎藤泰
　　弘訳、岩波書店

《レオナルド・ダ・ヴィンチおよびレオナルド派素描集―ウフィツィ美術館素描
　　版画室蔵》、カルロ・ペドレッティ解説、斎藤泰弘訳、岩波書店

《レオナルド・ダ・ヴィンチおよびレオナルド派素描集―トリノ王立図書館
　　蔵》、カルロ・ペドレッティ解説、森田義之訳、岩波書店

《レオナルド・ダ・ヴィンチ素描集》、ケネス・クラーク、カルロ・ペドレッテ
　　ィ解説、細井雄介他訳、朝倉書店

《レオナルド・ダ・ヴィンチの手記上・下》、レオナルド・ダ・ヴィンチ著、杉
　　浦明平訳、岩波 書店

《レオナルド・ダ・ヴィンチ展　直筆ノート「レスター手稿」日本初公開》、レ
　　オナルド・ダ・ヴィンチ著、尾形希和子他訳、TBSビジョン・毎日新聞社

《レオナルド・ダ・ヴィンチ全絵画作品・素描集》、フランク・ツォルナー著、 タッシェン

《レオナルド・ダ・ヴィンチの謎》、斎藤泰弘、岩波書店

《レオナルドの手稿、素描・素画に関する基礎的研究》、裾分一弘著、中央公論美術出版

《レオナルド・ダ・ヴィンチ解剖図》、マルコ・チャンキ著、柱本元彦訳、ジュンティ出版

《知らざれるレオナルド》、ラディスラオ・レティ編、小野健一他訳、岩波書店

《レオナルド・ダ・ヴィンチの生涯　飛翔する精神の軌跡》、チャールズ・ニコル、越川倫明他訳、白水社

《レオナルド・ダ・ヴィンチ　天才の素描と手稿》、H・アンナ・スー編、小林もり子訳、西村書店

《レオナルド・ダ・ヴィンチの手稿を解読する》、フリッチョフ・カプラ著、千葉啓恵訳、一灯舎

《レオナルド・ダ・ヴィンチの秘密》、コスタンティーノ・ドラッツィオ著、上野真弓訳、河出書房新社

《レオナルド・ダ・ヴィンチ》、ケネス・クラーク著、丸山修吉訳、法政大学出版局

《レオナルド・ダ・ヴィンチの手稿》、斎藤泰弘著、特定非営利活動法人アート・ビアトープ

《レオナルド・ダ・ヴィンチ鏡面文字の謎》、高津道昭著、新潮社

《レオナルド・ダ・ヴィンチ　人と思想》、古田光著、ブリュッケ

《ダ・ヴィンチ全作品・全解剖。》、ペン編集部著、阪急コミュニケーションズ

《イラストで読むレオナルド・ダ・ヴィンチ》、杉全美帆子著、河出書房新社

《レオナルド・ダ・ヴィンチ上・下》、ウォルター・アイザックソン著、土方奈美訳、文藝春秋

《レオナルド・ダ・ヴィンチ 神々の復活上・下》、メレシコーフスキー著、米
　　川正夫訳、河出書房新社

《ダ・ヴィンチ　天才の仕事》、マリオ・タッディ、ドメニコ・ロレンツァ著、
　　松井貴子訳、二見書房

《ダ・ヴィンチが発明したロボット！》、マリオ・タッディ著、松井貴子訳、二
　　見書房

《美術家列伝　第3巻》、ジョルジョ・ヴァザーリ著、森田義之他訳、中央公論
　　美術出版

《絵画論》、レオン・バッティスタ・アルベルティ著、三輪福松訳、中央公論美
　　術出版

《ウィトルーウィウス建築書》、ウィトルーウィウス著、森田慶一訳、東海大学
　　出版会

《図説ミケランジェロ》、青木昭著、河出書房新社

《ピカソは本当に偉いのか？》、西岡文彦著、新潮社

《ビル・ゲイツ　立ち止まったらおしまいだ！》、ジャネット・ロウ著、中川美
　　和子訳、ダイヤモンド社

《イチローの流儀》、小西慶三著、新潮社

《ココ・シャネル　凛として生きる言葉》、髙野てるみ著、PHP研究所

《ファッションデザイナー　ココ・シャネル》、実川元子著、理論社

《新装版　ココ・シャネルという生き方》、山口路子著、KADOKAWA

《アインシュタイン150の言葉》、ジェリー・メイヤー、ジョン・P・ホームズ
　　編、ディスカヴァー・トゥエンティワン

《覚悟の磨き方　超訳 吉田松陰》、池田貴将編訳、サンクチュアリ出版

《ふしぎの国のガウディ》、X -Knowledge HOME編、エクスナレッジ

《複眼の映像》、橋本忍著、文藝春秋

《学びを結果に変えるアウトプット大全》、樺沢紫苑著、サンクチュアリ出版

《初対面でも話がはずむ　おもしろい伝え方の公式》、石田章洋著、日本能率協
　　会マネジメントセンター

《歎異抄をひらく》、髙森顕徹著、1万年堂出版

《人は、なぜ、歎異抄に魅了されるのか》、伊藤健太郎著、1万年堂出版

《君に成功を贈る》、中村天風述、日本経営合理化協会出版局

웹사이트에서 볼 수 있는 〈다빈치 노트〉

〈코덱스 아틀란티쿠스〉

THE VISUAL AGENCY

https://thevisualagency.com/work/

〈코덱스 아룬델〉

영국 박물관

http://www.bl.uk/manuscripts/Viewer.aspx?ref=arundel_ms_263_f001r

〈코덱스 포스터〉

빅토리아 앨버트 박물관

https://www.vam.ac.uk/articles/explore-leonardo-da-vinci-codex-
　　forster-i

* 그 외 원전 다수 참고

역사상 가장 비범한 인간의 7가지 생각 도구

초역 다빈치 노트

제1판 1쇄 발행 | 2020년 8월 25일
제1판 2쇄 발행 | 2020년 9월 4일

지은이 | 사쿠라가와 다빈치
옮긴이 | 김윤경
펴낸이 | 손희식
펴낸곳 | 한국경제신문 한경BP
책임편집 | 윤혜림
저작권 | 백상아
홍보 | 서은실 · 이여진 · 박도현
마케팅 | 배한일 · 김규형
디자인 | 지소영

주소 | 서울특별시 중구 청파로 463
기획출판팀 | 02-3604-553, 584
영업마케팅팀 | 02-3604-595, 583   FAX | 02-3604-599
H | http://bp.hankyung.com   E | bp@hankyung.com
F | www.facebook.com/hankyungbp
등록 | 제 2-315(1967. 5. 15)

ISBN 978-89-475-4622-5 03320